Claudia Schmidt (Hg.)

Das große Buch
der Rollenspiele

Claudia Schmidt (Hg.)

Das große Buch der Rollenspiele

Anspiele für den Gottesdienst,
Spielszenen durch Kirchenjahr und Bibel

HERDER

FREIBURG · BASEL · WIEN

© Verlag Herder GmbH, Freiburg im Breisgau 2010
Alle Rechte vorbehalten
www.herder.de

Umschlaggestaltung: Finken & Bumiller
Umschlagmotiv: KNA_147693
© KNA-Bild

Satz- und CD-ROM-Gestaltung: SatzWeise, Föhren
Herstellung: fgb · freiburger graphische betriebe
www.fgb.de

Gedruckt auf umweltfreundlichem, chlorfrei gebleichtem Papier
Printed in Germany
ISBN 978-3-451-32612-7

Inhaltsverzeichnis

Vorwort

Rollenspiele sind etwas Wunderbares. Schon immer sind Kinder gerne in Rollen geschlüpft und haben sich erspielt, was sie gerne einmal erleben wollten. Sie haben sich hineinversetzt in Prinzessinnen, Ritter oder Zauberer und gespürt, wie sich deren Leben zuinnerst anfühlt. So haben sie sich eine neue Wirklichkeit erschlossen und Seiten an sich entdeckt, die ihnen bisher verborgen waren.

Die Freude am Rollenspiel kann für den Glauben fruchtbar gemacht werden. Das Sich-Hineinversetzen in eine Situation oder in das Leben einer anderen Person hilft mehr als vieles andere, wenn es um die Erschließung religiöser Inhalte geht. Wer einen anderen Standpunkt einnimmt, der sieht die Welt aus einem neuen Blickwinkel. Wer sich in eine Person hineinversetzt, der beginnt plötzlich deren Denken und Handeln zu verstehen. Daher kommen Rollenspiele in Gottesdienst und Katechese, in Schule oder Gemeinde immer wieder neu zum Einsatz. Spielerisch können Kinder, Jugendliche und manchmal auch Erwachsene auf diese Weise lernen; sie können Wirklichkeit erfahren und anderen weitervermitteln. So bekommt Glaube Hand und Fuß in einem ganzheitlichen, umfassenden Sinn.

Dieses Buch stellt eine große Vielzahl an Rollenspielen unterschiedlichster Art zur Verfügung. Da gibt es Anspiele, die zu Anlässen des Kirchenjahres passen. Da finden sich Szenen, die biblische Geschichten spielerisch wiedergeben. Und wir haben einige Themen aufgegriffen, zu denen eine Spielszene den Einstieg erleichtern bzw. vertiefen kann.

All diese Rollenspiele kommen aus der Praxis und sind für die Praxis gemacht. Manche stammen von mir, viele jedoch von Kolleginnen und Kollegen. Sie haben uns ihre selbstverfassten Szenen gerne überlassen, wofür ich ihnen herzlich danke. So ist ein Buch entstanden mit einer großen Vielfalt und Bandbreite, das Ihnen hoffentlich für viele Anlässe zu einer wertvollen Fundgrube wird.

Ich wünsche allen, die von diesem Buch Gebrauch machen, viel Freude am Spielen. Möge der Glaube aller, die mitwirken oder mit Auge, Ohr und Herz dabei sind, bereichert werden!

Claudia Schmidt

Erläuterungen zum Buch

Zur Verwendung von Rollenspielen

Die Rollenspiele in diesem Buch sind vielseitig einsetzbar, ob in der Katechese, in der Jugendarbeit, im Religionsunterricht oder in Gottesdiensten aller Art. Sie greifen Bibelstellen auf und/oder erarbeiten thematische Zusammenhänge. Das Bibelstellen-Register und das Schlagwort-Register am Ende des Buches erleichtern Ihnen die Suche nach dem passenden Rollenspiel für den jeweiligen Anlass.

Je nach anvisierter Altersstufe unterscheiden sich die Rollenspiele in ihrer Art. Bei jüngeren Kindern, die noch nicht (gut) lesen können, erweist es sich als wichtig, dass die Textpassagen sehr kurz und gut auswendig zu lernen sind. Eine andere Möglichkeit ist das pantomimische Spiel, in dem die Kinder mit Symbolen und Bewegungen die Handlung einer parallel vorgetragenen Geschichte verdeutlichen und somit lernen, sie ganzheitlich zu erfassen.

Ältere Kinder haben erfahrungsgemäß viel Spaß dabei, die Texte eines Rollenspiels gleichzeitig zu sprechen und ihre Handlung zu spielen. So tauchen sie während des Spiels in eine Geschichte ein und identifizieren sich mit der eigenen Rolle. Passende Verkleidung und einfache Requisiten können diese Wirkung noch steigern.

Jugendliche und junge Erwachsene sind zunächst weniger geneigt, vor einem »Publikum« zu spielen. Sie genieren sich. Umso wichtiger wird es, zunächst die Inhalte eines Rollenspiels zu erarbeiten. Nur wenn eine Identifikation mit diesen stattfindet, kann auch das Spiel »echt« werden und von einem guten Gefühl der jungen Menschen begleitet sein. Dies ist mir persönlich besonders wichtig, damit Rollenspiele nicht zu einem »erzwungenen Schauspiel« werden.

Insgesamt wollen die Rollenspiele dieses Buches als Ideensammlung verstanden sein. Sie können jederzeit umgeschrieben und den eigenen Bedürfnissen angepasst werden.

Die Rubriken dieses Buches

Vor jedem Rollenspiel findet sich eine Übersicht mit verschiedenen Rubriken. Sie hilft zu erfassen, um was für ein Rollenspiel es sich handelt und wie dieses am besten eingesetzt werden kann. Im Folgenden sollen die einzelnen Rubriken erklärt werden.

Art des Rollespiels:

- **Spielszene mit verteilten Rollen:**
  Hier handelt es sich um ein Rollenspiel im klassischen Sinn. Verschiedene Darsteller spielen als Personen die Handlung der Szene und sprechen die wörtliche Rede. Ein Erzähler / eine Erzählerin kann dabei die Rahmenhandlung vorlesen. Oft werden Requisiten eingesetzt, um die Handlung anschaulicher zu machen.
- **Leseszene mit pantomimischem Spiel:**
  Für jüngere Kinder ist es manchmal leichter, wenn eine erwachsene Person die Handlung der Geschichte vorliest und die Kinder diese »nur« spielen. Sie müssen dafür dann keinen Text auswendig lernen und aufsagen.
  Bei den Leseszenen mit pantomimischem Spiel wird jeweils erläutert, mit welchen Handlungen/Bewegungen die Kinder die Geschichte verdeutlichen können. So sind sie ganzheitlich eingebunden.
- **Lesetext mit verteilten Rollen:**
  Hier gibt es keine Handlung, die gespielt werden muss, sondern es werden Textabschnitte von verschiedenen Personen im Wechsel vorgelesen.
- **Interview:**
  Eine besondere Art des Rollenspiels ist das Interview. Ein Reporter befragt verschiedene Personen einer Geschichte, die ihm Rede und Antwort stehen. Dies ist unter anderem eine Möglichkeit, biblische Geschichten zu aktualisieren.

Altersstufe:

Die Rollenspiele sind meist für verschiedene Altersstufen denkbar. Dennoch haben wir eine Einordnung vorgenommen, um die Suche nach einer geeigneten Szene zu erleichtern. Dabei haben wir uns danach orientiert, für welche Altersstufe die Szene gut verständlich ist. Manchmal ist es dennoch möglich oder geboten, dass Kinder/Jugendliche einer anderen Altersstufe die Szene spielen. Auch Erwachsene können selbstverständlich beim Spielen oder Vorlesen eingebunden werden.
- **Jüngere Kinder:** Klasse 1–3 (ca. 6–9 Jahre)
- **Ältere Kinder:** Klasse 4–6 (ca. 10–12 Jahre)

- **Jugendliche:** Klasse 7–10 (ca. 13–15 Jahre)
- **Junge Erwachsene:** ab Klasse 11 (ab ca. 16 Jahren)

Mitspielende Personen:

Hier ist ersichtlich, wie viele Personen mitspielen und welche Rollen zu vergeben sind. Manchmal ist diese Zahl auch variabel.

Requisiten:

Es werden alle Gegenstände aufgeführt, die für das Rollenspiel benötigt werden.

Mögliche Themen:

Unter dieser Rubrik haben wir versucht Themen zu benennen, die mit den Rollenspielen in Verbindung gebracht werden können. Auch im Schlagwort-Register am Ende des Buches finden sich diese Themen wieder. So soll erleichtert werden, zu bestimmten Themen das passende Rollenspiel zu finden.

(Passende) Bibelstelle(n):

Hier wird entweder die Bibelstelle angegeben, auf die sich das Rollenspiel bezieht. Oder es werden Bibelstellen vorgeschlagen, die zum Rollenspiel passen könnten. Das Bibelstellen-Register am Ende des Buches hilft, Rollenspiele zu bestimmten Bibelstellen zu finden.

Hinweise:

Zu manchen Rollenspielen werden spezielle Hinweise gegeben, die bei der Durchführung helfen können.

Entlang des Kirchenjahres

Advent

1. Bereitet dem Herrn den Weg

Art des Rollenspiels: Spielszene mit verteilten Rollen	Altersstufe: Jugendliche
Mitspielende Personen: 3 3 Bauarbeiter	Requisiten: 3 Bauarbeiterhelme Schubkarre evt. Schaufeln, Hacken o. Ä.
Mögliche Themen: Advent Vorbereitung auf Weihnachten	Bibelstelle: Lk 3,4–5: Eine Stimme ruft in der Wüste
Hinweise: Vor dem Rollenspiel wird die Bibelstelle des Lukas vorgelesen.	

Zwei Bauarbeiter unterhalten sich.

Bauarbeiter 1: Ja dann, fangen wir mal an. Die Aufgabe ist ja klar: Wir sollen die Straße begradigen. Ich sammle die Stolpersteine auf und du kümmerst dich um die Schlaglöcher.

Bauarbeiter 2: Hm, meinst du, das reicht? Ich habe eher verstanden, dass wir so eine richtige Landebahn bauen sollen: schön asphaltiert, gerade, ohne Buckel und gut sichtbar, am besten noch beleuchtet …

Bauarbeiter 1: *(fällt ihm ins Wort, vorwurfsvoll)* Was für ein Quatsch! Wie sollen wir das denn in zwei Wochen schaffen? Da bräuchten wir ja richtig großes Gerät und ein paar Leute mehr! Mit der Schubkarre kommen wir da nicht weit!

Bauarbeiter 2: Aber es hieß doch: »Jede Schlucht soll aufgefüllt werden, jeder Berg und Hügel sich senken. Was krumm ist, soll gerade werden, was uneben ist, soll zum ebenen Weg werden.« Das klingt nach einem richtig großen Projekt!

Bauarbeiter 1: . . . und zu viel Arbeit. Ich glaube, das ist für uns eine Nummer zu groß!

Bauarbeiter 3 kommt dazu.

Bauarbeiter 3: Warum steht ihr denn hier nur rum? Wisst ihr nicht, was ihr tun sollt?

Bauarbeiter 1: Na ja, wir sollen die Straße ebnen, aber der da drüben meint, wir sollen gleich eine Landebahn bauen und dazu Berge abtragen und Täler auffüllen. Das ist doch ein Großprojekt. Da brauchen wir zwei gar nicht erst anfangen!

Bauarbeiter 3: Das stimmt, von einer Landebahn war auch gar nicht die Rede. Und ich habe gehört, dass die Hügel <u>sich</u> senken sollen. Dass <u>ihr</u> das machen sollt, habe ich nicht gehört. Vielleicht geht das ja ganz von allein.

Bauarbeiter 2: Na toll, und was machen wir dann hier?

Bauarbeiter 1: Na den Weg bereiten und die Straße ebnen: Du Schlaglöcher, ich Steine weg . . .

Bauarbeiter 3: *(nachdenklich)* Ehrlich gesagt weiß ich gar nicht, wozu ER überhaupt einen Weg braucht. ER kommt doch sowieso nicht so, wie wir uns das vorstellen . . .

Bauarbeiter 2: Also, mir reicht's. Der soll uns mal einen genauen Bauplan mitgeben, sonst hat das alles gar keinen Sinn. Kommt, packen wir zusammen!

Die drei Bauarbeiter nicken sich zu, packen zusammen und gehen.

Cäcilia Branz / Junge-Kirche-Team Reutlingen

2. Damit Weihnachten kommen kann

Art des Rollenspiels:	Altersstufe:
Spielszene mit verteilten Rollen	Jugendliche
Mitspielende Personen: 6 Deko-Fan Geschenke-Typ Moralapostel 2 Schüler Gelassenheits-Freak	**Requisiten:** Kerzen, Sterne, Engel Geschenke-Schachteln, Zettel
Mögliche Themen: Advent Vorbereitung auf Weihnachten	

Der Deko-Fan tritt auf, hat Kerzen, Sterne und einen Engel in der Hand.

Deko-Fan: *(trällert vor sich hin:)* Ihr Kinderlein, kommet ... Ach, was freu' ich mich auf Weihnachten! So ein schönes Fest! Und wie ich die Vorbereitungen liebe. Die sind schon wichtig, damit es Weihnachten werden kann!

Also, ich bereite mich vor, indem ich meine Umgebung adventlich-weihnachtlich gestalte. So viele Kerzen hier ... Vielleicht noch ein paar Sterne dazu und ein paar Engelchen *(dekoriert selbstverloren vor sich hin)* ... das ist doch schön, da geht einem das Herz auf.

Geschenke-Typ: Ja, jetzt kann Weihnachten kommen! Puh, ich bin ganz schön k. o., aber, Gott sei Dank, jetzt müsste ich eigentlich alles haben. Wenn erst mal alle Geschenke besorgt sind, dann kann's von mir aus Weihnachten werden. – Also, ich glaube, ich habe niemanden vergessen. *(Denkt kurz nach)* Irgendwo müsste doch mein Zettel sein!

Geschenke-Typ kruschtelt nach dem Zettel, streicht ihn glatt und erschrickt.

Ach herrje, ich brauche ja noch das neueste Computerspiel für Patrick. Wann kaufe ich das bloß? Jetzt muss ich morgen <u>noch mal</u> in die Stadt!

Geschenke-Typ stöhnt, signalisiert Lustlosigkeit.
Der Moralapostel tritt dazu.

Moralapostel:	Das ist doch nicht zu fassen! Gibt's hier wirklich nur so oberflächliche Leute? Wenn es wirklich Weihnachten werden soll, dann muss das doch in unserm Innern anfangen. Damit Gott kommen kann, muss ich ihm doch erst mal eine Chance geben, bei mir anzukommen.

Gott kommt dort in die Welt, wo die Welt ein Stückchen menschlicher wird. Sicher nicht da, wo die kitschigen Engelchen hängen oder sich die Geschenke stapeln. Gutes tun, mit anderen teilen, spenden, sich besinnen, beten – nur so kann Weihnachten kommen.

Zwei Schüler gesellen sich zur Runde.

Schüler 1:	Na ganz toll, jetzt kommt der noch mit Sozialstress. Das ist das Letzte, was ich zurzeit brauche! Für uns Schüler heißt Advent: Jede Woche drei Klassenarbeiten.
Schüler 2:	Vergiss das Referat in Geschichte nicht!
Schüler 1:	Ach ja, und natürlich die Sonderproben im Schulorchester – *(zynisch:)* die Weihnachtsfeier soll ja schließlich feierlich werden.
Schüler 2:	Besinnlichkeit – <u>nach</u> Weihnachten hätte ich dann Zeit dafür, da sind Ferien.
Schüler 1:	Da ist es aber schon zu spät – oder?

Der Gelassenheits-Freak kommt dazu.

Gelassenheits-Freak:	Was für Stresser seid ihr doch alle! Klassenarbeiten, Geschenke, Plätzchen backen: viel zu viel Aufwand! Ich warte einfach nur ab. Schließlich ist es ja Gott, der zu uns kommt. Damals haben die in Bethlehem auch keine 5-Sterne-Geburtskirche gebaut. Und Josef hat auch nicht im Vorfeld ein Zimmer reserviert, sozusagen mit Frühbucher-Rabatt. Der Sohn Gottes kam einfach so in unsere Welt. Und die da, die machen sich jedes Jahr den gleichen Stress. Ich muss im Vorfeld in der Adventszeit gar nichts gemacht haben; das macht Gott schon alleine.

Also für mich ist klar: ich warte einfach ab, denn Weihnachten kommt sowieso!

Cäcilia Branz / Junge-Kirche-Team Reutlingen

3. Zu viel Vorweihnachtszeit

Art des Rollenspiels:	Altersstufe:
Spielszene mit verteilten Rollen	Ältere Kinder / Jugendliche

Mitspielende Personen: ca. 9	Requisiten:
Erzähler/in	Masken für Ochs und Esel (z. B. aus Tonpapier
Ochs	gebastelt)
Esel	Geschenkschachteln
Dame (Statistin)	Evt. Kettcar
Ca. 5 Statisten	Pakete und Taschen
	Kleiner Tisch mit Stuhl
	Sehr großer Stift
	Sehr große Weihnachtskarten (evt. selbst-
	gebastelt)

Mögliche Themen:	
Advent	
Vorbereitung auf Weihnachten	

Ochs und Esel stehen auf den Altarstufen (oder sonst irgendwie erhöht).

Erzähler/in:	Im Paradies unterhielten sich eines Tages kurz vor dem irdischen Weihnachtsfest der Ochse und der Esel, die einst bei der Geburt des Herrn an seiner Krippe gestanden hatten.
Esel:	Entsinnst du dich noch jener Nacht vor vielen Jahren, als wir in einer Art Hütte standen und gerade dort in der Krippe …?
Ochse:	Lass mich nachdenken! Ja, richtig! In der Krippe lag ein neugeborenes Kind. Wie hätte ich das vergessen können? Es war ein so schönes Kind!
Esel:	Weißt du eigentlich, wie viele Jahre in irdischer Zeit seit damals vergangen sind?
Ochse:	Nö, hab' doch nur ein Ochsengedächtnis!
Esel:	Zweitausendzehn!!!!!!
Ochse:	Was du nicht sagst!
Esel:	Weißt du übrigens, wer das Kind gewesen ist?

| Ochse: | Wie soll ich das wissen? Es waren doch Leute auf der Durchreise. Gewiss, ein wunderschönes Kindlein. Dabei schienen doch seine Eltern ganz gewöhnliche Menschen zu sein. Sag mir, wer war es? |

Der Esel flüstert dem Ochsen etwas ins Ohr.

| Ochse: | Aber nein! Wirklich??? Du willst mich veräppeln!!!! |

| Esel: | Nein, es ist die reine Wahrheit! Ich schwöre! Übrigens ... hatte ich es damals sofort verstanden ... |

| Ochse: | Ich nicht, ich gebe es zu. Aber du bist eben intelligenter als ich. Ich habe es nicht einmal geahnt. Obwohl es wirklich ein wunderschönes Kind war ... |

| Esel: | Ja – und seit damals feiern die Menschen jedes Jahr ein großes Fest zu seinem Geburtstag. Es gibt keinen schöneren Tag für sie. Wenn du sie nur sehen könntest. Es ist eine Zeit allgemeiner Heiterkeit, der Seelenruhe, der Sanftmut, des Friedens, der Familienfreuden, des Sich-gerne-Habens. Selbst Mörder werden sanft wie Lämmer. Weihnacht nennen es die Menschen. Übrigens ... mir kommt da ein guter Gedanke. Wenn wir schon davon reden, soll ich sie dir zeigen? |

| Ochse: | Wen? |

| Esel: | Die Menschen, die sich auf Weihnachten vorbereiten. |

| Ochse: | Wo? |

| Esel: | Unten auf der Erde. |

| Ochse: | Wie? Warst du etwa schon wieder einmal dort? |

| Esel: | Ich habe einen Vetter auf dem Passamt und deshalb einen besonderen Passierschein. Ich denke, nach allem, was war, haben wir beide wohl auch etwas Anerkennung verdient. Immerhin haben wir damals das Kind mit unserem Atem gewärmt und unser Stroh mit ihm geteilt. Ich besorg' dir einen Pass – jetzt sofort. Komm beeil' dich, wenn du nicht das Beste versäumen willst. Heute ist der dritte Advent! |

Der Esel zieht den Ochsen an der »Hand« fort. Beide verschwinden kurz, kommen dann gleich wieder.

Ochse: So. Und wie kommen wir jetzt da runter?

Der Ochse guckt ängstlich nach unten in die Menge.

Esel: Du bist halt einfach ein Ochse! Wir fliegen natürlich!

Beide machen fliegende Bewegungen, kommen sichtbar an, wandern dann hin und her und sehen sich um, während der Erzähler / die Erzählerin spricht.
Wenn möglich, fährt ein Kind/Jugendliche(r) mit einem Kettcar hin und her bzw. läuft mit lenkenden Bewegungen um Ochse und Esel herum und zwischen ihnen hindurch.

Erzähler/in: Und da durchwanderten nun Eselchen und Ochse unsichtbar die Straßen des Zentrums. Da es sich um Geister handelte, fuhren Autos, Busse und Straßenbahnen durch sie hindurch, ohne Schaden anzurichten. Selbst durch Mauern war es ihnen gegeben zu gehen, als ob sie Luft wären. So vermochten sie alles nach Herzenslust zu betrachten.

Mehrere Kinder/Jugendliche laufen hin und her.

Es war wirklich ein eindrucksvolles Schauspiel: Tausende von Lichtern in den Schaufenstern, Glitzergewinde, Girlanden, Zweige, unzählige Tannenbäume. Autostaus überall, wo die Leute sich abmühten durch enge Straßen zu fahren, und das wirblige Gewimmel und Hin und Her der Menschen, die sich in den Läden drängten, hinein- und wieder herausströmten, sich mit Paketen beluden und alle angespannte Gesichter hatten, als würden sie gejagt. Das Eselchen schien bei diesem Anblick wie verzückt, während der Ochse sich voller Entsetzen umsah.

Während der letzten Sätze beginnen zwei bis drei Mitspieler mit vollen Taschen und Paketberge schleppend hin- und herzugehen. Sie werden immer schneller und gehetzter während der nun folgenden Unterhaltung. Der Esel guckt verzückt, der Ochse entsetzt.

Ochse: Höre, Freund Eselchen, du hast mir gesagt, du wollest mir die Weihnachtsvorfreude zeigen. Du hast dich wohl geirrt. Ich sage dir, hier ist doch Krieg!

Esel:	Siehst du denn nicht, wie zufrieden sie alle sind?
Ochse:	Zufrieden???? Mir kommen sie eher wie Wahnsinnige vor! Sieh doch auf ihre besessenen Gesichter, ihre fiebrigen Augen!
Esel:	Du bist eben ein Provinzler, mein lieber Ochse! Du bist halt nie wie ich in Jerusalem gewesen und auch später nie aus dem Paradies herausgekommen. Du verstehst die modernen Menschen nicht. Um sich zu unterhalten, um sich zu freuen, haben sie es <u>nötig</u>, ihre Nerven zu ruinieren!

Nun platziert sich eine Dame mit riesigen Weihnachtskarten und einem großen Stift an einem kleinen Tisch (oder auch auf den Altarstufen) in die Nähe von Ochse und Esel. Sie schreibt wie eine Besessene eine Karte nach der anderen und legt sie auf die Seite oder steckt sie in einen Umschlag. Man sieht ihr an, dass sie im Stress ist und keine Freude an ihrer Beschäftigung hat. Ochse und Esel sehen ihr interessiert bzw. mitleidig zu.

Ochse:	Schau dir die arme Frau an! Hoffentlich bezahlen sie sie wenigstens gut für diese Schufterei.
Esel:	Bist du naiv, lieber Freund! Das ist eine außerordentlich reiche Dame aus der feinen Gesellschaft!
Ochse:	Und warum arbeitet sie sich dann kaputt?
Esel:	Sie arbeitet sich nicht kaputt, sie schreibt doch nur Weihnachtskarten!
Ochse:	Weihnachtskarten? Was nützen denn die?
Esel:	Eigentlich nichts. Aber wer weiß warum, die Leute haben jetzt eine besondere Vorliebe dafür!

Ochse und Esel gehen umher, sehen sich überall um.

Erzähler/in:	Überall, wo sie hinkamen, zeigte sich ihnen dasselbe Schauspiel. Ein Kommen und Gehen, Kaufen oder Verpacken, Absenden oder Empfangen, Einwickeln, Auswickeln, Rufen und Antworten. Und alle blickten immer nach der Uhr, alle hasteten, alle keuchten von Furcht besessen, nicht rechtzeitig fertig zu werden. Jemand brach zusammen, schnappte nach Luft unter der immer größer

Entlang des Kirchenjahres

werdenden Flut der Pakete, Päckchen, Kärtchen, Kalender, Geschenke, Telegramme, Briefe, Karten, Billetts und so weiter.

Ochse: Du hast mir doch gesagt, dass es ein Fest der Heiterkeit, des Friedens und der Seelenruhe sei.

Esel: Tja – einmal war es auch so. Aber was soll ich dir sagen, seit einigen Jahren scheinen die Menschen beim Nahen des Weihnachtsfestes wie von einer geheimnisvollen Tarantel gestochen und verstehen rein gar nichts mehr. Hör ihnen doch zu ...

Ein paar Leute laufen hin und her, lächeln sich maskenhaft zu, nicken mit dem Kopf und rufen sich zu: »Frohe Weihnachten!«, »Gesegnete Weihnachten!«, »Frohes Fest!«, »Schöne Feiertage!«, »Danke, Ihnen auch!« usw. Die Leute verschwinden wieder. Der Ochse guckt den Esel entgeistert an.

Ochse: Glauben sie denn daran? Meinen sie es wirklich so? Lieben sie ihren Nächsten?

Der Esel zuckt die Schultern und schaut ratlos drein.

Ochse: Komm, lass uns schauen, dass wir hier fortkommen. Der Kopf brummt mir und ich habe Sehnsucht nach dem, was du Weihnachtsstimmung nennst.

Esel: *(seufzend)* Ich ja eigentlich auch.

Sie trotten sichtlich erschlagen davon und setzen sich auf die Stufen. Nach einer Pause, in der beide die Köpfe hängen lassen und gedankenverloren aussehen:

Ochse: Du, der mehr davon versteht als ich, sag' doch: Bist du wirklich sicher, dass das dort keine Verrückten sind?

Esel: Nein, nein. Es ist einfach nur Vorweihnachtszeit.

Ochse: Also, ich bin ja nur ein einfacher Ochse. Aber wenn du mich fragst, dann ist dort einfach nur <u>zu viel</u> Vorweihnachtszeit.

Pause

Erinnerst du dich noch an die Hütte damals in Betlehem, die Hirten und das schöne Kind? Auch dort war es kalt, aber welche Freude, welche Zufriedenheit, welches innere Strahlen um die Menschen lag! Wie anders war es damals!

Esel: Ja, und die fernen Klänge der Hirtenflöten, die man nur ganz leise hörte ...

Ochse: Und das sanfte Flügelschlagen auf dem Dach. Was das wohl für Vögel waren?

Esel: Du Ochse, das waren doch keine Vögel, das waren Engel!!!!

Ochse: Engel? Und die drei reichen Herren, die Geschenke brachten, entsinnst du dich ihrer? Wie wohlerzogen sie waren, wie leise sie sprachen, welch vornehme Leute! Kannst du dir die heute in dem Rummel vorstellen?

Esel: Und der Stern? Denkst du noch an den hellen Stern, der damals über der Hütte stand? Ob es ihn heute noch gibt? Sterne haben doch meistens ein langes Leben ...

Der Ochse wiegt den Kopf bedächtig hin und her.

Ochse: Ich fürchte, nein. Es sieht hier so wenig nach richtigen Sternen aus.

Beide heben die Köpfe und gucken nach oben.

Erzähler/in: Sie hoben ihre Köpfe, und wirklich, man sah nichts. Über der Stadt lag eine Decke dichten Nebels.

Gabriele Goy

4. Johannes ruft in der Wüste

Art des Rollenspiels:	Altersstufe:
Spielszene mit verteilten Rollen	Jüngere Kinder
Mitspielende Personen: 8	**Requisiten:**
Sprecher/in	Blaue Tücher, die einen Fluss andeuten
Kind 1–6	Beiges, zerrissenes Gewand für Johannes
Johannes	Krug
Mögliche Themen:	**Bibelstelle:**
Advent	Lk 3,1–18: Johannes der Täufer in der Wüste
Umkehr	
Taufe	

Sprecher/in: Das Wort Gottes erging an Johannes, den Sohn der Elisabet und des Zacharias. Gott führte ihn in die Wüste in der Nähe des Jordan.

Johannes geht zum angedeuteten Fluss. 3 Kinder kommen dazu und bleiben in einiger Entfernung stehen.

Kind 1: Schau mal, der sieht aber komisch aus!

Kind 2: Wer ist denn das?

Kind 3: Das ist doch Johannes. Er sieht so ungewöhnlich aus, weil er in der Wüste lebt.

Kind 2: Warum macht er das?

Kind 3: Er hat sein Leben Gott geschenkt. In der Wüste ist er nicht abgelenkt, sondern fühlt sich Gott nahe.

Sprecher/in: Viele Menschen kamen zu Johannes. Sie spürten, dass er ihnen viel zu sagen hatte.

Drei weitere Kinder kommen dazu und stellen sich neben Johannes.

Erzählt uns mal: Warum seid ihr denn in die Wüste gekommen?

Kind 4: Ich bin hier, weil es unserem Land so schlecht geht. Vielleicht weiß Johannes, was wir tun können, damit die Römer unser Land verlassen.

| Kind 5: | Ich bin hier, weil ich mich frage, wie ich leben soll. Ich habe Geld und einen guten Beruf, aber glücklich bin ich nicht. |
| Kind 6: | Ich bin hier, weil Johannes uns tauft. Ich habe vieles falsch gemacht in meinem Leben. Aber ich hoffe, dass Gott mir vergibt. |

Johannes nimmt den Krug und tut so, als ob er Wasser über die Köpfe von Kind 4–6 schüttet.

| Sprecher/in: | Johannes taufte viele Menschen am Jordan. Und er rief sie auf, ihr Leben zu ändern. |
| Johannes: | Kehrt um und ändert euer Leben! Gott möchte, dass ihr gut zueinander seid. |

Kind 1–3 treten näher.

Kind 1:	Wie geht das denn?
Johannes:	Teile alles, was du hast, mit denen, die nichts haben.
Kind 2:	Und was soll ich tun?
Johannes:	Verzeih den anderen, wenn sie böse zu dir waren.
Kind 3:	Und welchen Rat gibst du mir?
Johannes:	Sei ehrlich zu den anderen. Rede nicht hinter ihrem Rücken schlecht über sie. Sei wie ein guter Freund zu ihnen.

Die drei Kinder gehen ein wenig auf die Seite und unterhalten sich dort miteinander:

Kind 1:	Es ist ganz schön schwer, alles mit anderen zu teilen.
Kind 2:	Ja, und ich soll anderen immer vergeben, egal, wie gemein sie zu mir sind?
Kind 3:	Ich finde, dass Johannes mit seinen Ratschlägen Recht hat. Wenn wir füreinander wie Freunde da sind, wird das Leben viel schöner.
Sprecher/in:	Die Menschen bewunderten Johannes. Sie spürten, dass Gott durch ihn sprach. Und sie überlegten:

Kind 4:	Gott hat uns einen Retter versprochen. Ob Johannes dieser Retter ist?
Sprecher/in:	Doch Johannes wehrte dies ab.
Johannes:	Nein, das bin ich nicht. Der Retter, den Gott euch sendet, ist ganz anders als ich. Ich dürfte ihm nicht einmal die Schuhe aufbinden, so klein bin ich im Gegensatz zu ihm. Aber wartet ab. Bald wird der Messias zu euch kommen. Dann tauft er euch nicht mit Wasser, sondern mit dem Heiligen Geist.

Claudia Schmidt

5. Auf dem Weg zur Krippe

Art des Rollenspiels:	Altersstufe:
Lesetext mit verteilten Rollen	Jüngere Kinder

Mitspielende Personen: 7	Requisiten:
Sprecher/in	Weg, der aus grünen Tüchern gelegt wird
Kind 1–4	Kerze
Jugendliche/r	Stein
Erwachsene/r	Stroh
	Uhr
	Weihnachtsstern
	Opfertüte

Mögliche Themen:	
Advent	
Weihnachten	
Krippe	

Sprecher/in: Ein Kind wird bald geboren. Es liegt in einem Stall in einer Krippe, gebettet auf Stroh. Das kleine Kind heißt Jesus. Wir wollen uns jetzt auf den Weg zur Krippe machen und dem kleinen Kind etwas bringen.

1. Kind: Auf meinen Weg zur Krippe stelle ich eine Kerze; sie leuchtet und wärmt. Sie ist ein Zeichen für alles Schöne und Helle in unserer Welt.

Das Kind stellt eine Kerze auf den Weg.

2. Kind: Auf meinen Weg zur Krippe lege ich einen Stein; er ist hart und kalt. Er ist ein Zeichen für alle Härte und Lieblosigkeit in unserer Welt.

Das Kind legt einen Stein auf den Weg.

3. Kind: Auf meinen Weg zur Krippe lege ich Stroh; es ist trocken und hart. Es ist ein Zeichen für die Armut in unserer Welt. Viele Menschen haben kein Zuhause und schlafen nur auf Stroh – wie das kleine Kind in der Krippe.

Das Kind legt Stroh auf den Weg.

Jugendliche/r: Auf meinen Weg zur Krippe lege ich eine Uhr; sie zeigt mir die Zeit an. Sie ist ein Zeichen dafür, sich ein wenig Zeit zu nehmen – damit das Kind in der Krippe auch ankommen kann.

Der/die Jugendliche legt eine Uhr auf den Weg.

4. Kind: Auf meinen Weg zur Krippe lege ich einen Weihnachtsstern; er blüht und grünt. Er ist ein Zeichen für alles Leben und Wachsen in unserer Welt.

Das Kind stellt einen Weihnachtsstern auf den Weg.

Erwachsene/r: Auf meinen Weg zur Krippe lege ich eine Opfertüte; wir können mit unserer Hilfe Gottes Licht in der ganzen Welt sichtbar machen. Sie ist ein Zeichen für all die Menschen, an die niemand denkt und die auf unsere Spenden angewiesen sind.

Der/die Erwachsene legt eine Opfertüte auf den Weg.

Petra Focke, aus: Dies., Unser Weg nach Betlehem. Werkbuch zur Gestaltung der Adventszeit mit Kindern, Jugendlichen und Familien. Verlag Herder GmbH, Freiburg im Breisgau 2003. © bei der Autorin.

Weihnachten

6. Weihnachtsmann & Co.

Art des Rollenspiels: Spielszene mit verteilten Rollen	Altersstufe: Ältere Kinder
Mitspielende Personen: 4 Jugendliche/r Nikolaus Weihnachtsmann Christkind	Requisiten: Handy (für Jugendliche/n) Bischofsmitra, Gewand und Bart (für den Nikolaus) Rotes Gewand, Mütze und Bart (für den Weihnachtsmann) Weißes Gewand, Krone oder goldener Reif (für das Christkind)
Mögliche Themen: Advent Weihnachten	

Jugendliche/r sitzt auf dem Boden und spielt mit ihrem/seinem Handy. Plötzlich treten aus drei verschiedenen Richtungen Nikolaus, Weihnachtsmann und das Christkind hinzu.

Jugendliche/r: Was macht ihr denn hier?

Nikolaus, Weihnachtsmann und das Christkind: *(gleichzeitig)* Ich bringe den Menschen Geschenke.

Nikolaus: *(würdevoll)* <u>Ich</u> bringe die Geschenke.

Weihnachtsmann: Du bist doch viel zu spät dran.

(mit Nachdruck in der Stimme)

<u>Ich</u> bringe die Weihnachtsgeschenke.

Christkind: *(belehrend)* Also jetzt muss ich dazu etwas sagen. Erstens bringe <u>ich</u> die Weihnachtsgeschenke. Und zweitens gibt es Weihnachten schließlich nur meinetwegen.

Jugendliche/r: Und wer oder was seid ihr? Du zum Beispiel!

(deutet auf den Nikolaus)

Was ist denn das für ein komischer Hut?

Nikolaus:	Ich heiße Nikolaus von Myra und bin einmal Bischof gewesen. Deswegen trage ich die Kopfbedeckung eines Bischofs, auch Mitra genannt. Ich habe zu Lebzeiten arme Menschen beschenkt. Deshalb bringe ich heute noch – vor allem Kindern – in der Adventszeit Geschenke. In manchen Ländern gibt es am Nikolaustag sogar mehr Geschenke als an Weihnachten.
Jugendliche/r:	Und du? *(deutet auf den Weihnachtsmann)*
Weihnachtsmann:	Ich bin der Weihnachtsmann. Mich sieht man die ganze Vorweihnachtszeit auf Straßen und Plätzen, in Kaufhäusern, in der Werbung und –

(kurze Pause; mit deutlich vernehmbarem Stolz in der Stimme)

	und sogar in Kinofilmen. Immer, wenn Kinder mich sehen, freuen sie sich über mich. Ich bin nett zu ihnen, sie können mir ihre Wünsche sagen und ich schaue, dass sie zu Weihnachten erfüllt werden.
Jugendliche/r:	Und du *(deutet auf das Christkind)* bist sicher so eine Art Engel oder?
Christkind:	Ich bin das Christkind. Die Freude über meine Geburt ist der Grund dafür, dass wir Weihnachten feiern. Ich erfülle auch die Wünsche der Kinder; wenngleich sie mich meistens nicht zu Gesicht bekommen. In letzter Zeit zeige ich mich aber auch: zum Beispiel auf dem Christkindlsmarkt in Nürnberg. Jedenfalls bringe <u>ich</u> die Geschenke an Weihnachten.
Nikolaus und Weihnachtsmann:	*(protestieren gleichzeitig)* Nein, ich!
Jugendliche/r:	Puh, ist das kompliziert. Na ihr macht es mir ja wirklich nicht leicht zu kapieren, was es mit Weihnachten auf sich hat.

Harald Prießnitz

7. Der Stalltermin

Art des Rollenspiels: Spielszene mit verteilten Rollen	Altersstufe: Jugendliche / junge Erwachsene
Mitspielende Personen: mind. 4 Lukas Beamter Statisten	Requisiten: Presseausweis Spielgeld: 100-Euro-Schein Hirtenmantel
Mögliche Themen: Weihnachten Bibel	Passende Bibelstelle: Lk 2,1–20: Die Geburt Jesu
Hinweis: Im Anschluss an das Rollenspiel kann die Weihnachtsgeschichte nach Lukas vorgelesen werden.	

Man sieht einen Security-Beamten, der den Weg versperrt. Einige wichtigtuerische Personen wollen passieren, werden aber deutlich abgewiesen.

Lukas:	*(in Eile)* Komme ich zu spät?
Beamter:	Wozu?
Lukas:	Na, zur Pressekonferenz. Ich bin zwischen Jericho und Jerusalem leider aufgehalten worden. Da lag einer krank am Boden rum. Dem musste ich helfen.
Beamter:	Tut mir sehr leid für Sie, aber die Pressekonferenz ist gerade zu Ende gegangen. Jetzt sind bereits alle Medienvertreter nach Hause geschickt worden. Live-Berichterstattung ist nicht gestattet.
Lukas:	So ein Mist. Ist der Pressesprecher vielleicht noch zu erreichen?
Beamter:	Herr Gabriel? Haben Sie einen Termin?
Lukas:	Äh, nein. Ich bin von »Herodes today«, und wir wollen aus der Geschichte eine absolute Topstory machen. Wann geht es denn los?
Beamter:	Kann man bei Geburten leider nie so genau sagen.

Lukas:	Gott sei Dank. Ich dachte, das Kind sei vielleicht schon da. Ich hatte mit Herrn Gabriel besprochen, dass ich einen VIP-Platz bekomme.
Beamter:	Keine Chance. Da müssen Sie etwas falsch verstanden haben. Niemand darf dabei sein. Ich kann Sie hier auf keinen Fall durchlassen. Wer sind Sie denn überhaupt?
Lukas:	Warten Sie, ich habe einen Presseausweis. Da! Kann ich jetzt bitte aufs Gelände?
Beamter:	Vergessen Sie's!
Lukas:	Na, hören Sie mal! Sie wissen wohl nicht, wen Sie vor sich haben. Ich habe mit meinem Team im Betlehem-Hilton die allerletzten Zimmer in der Stadt ergattert ...
Beamter:	Ach, Sie sind also schuld, dass wir hier sind ...
Lukas:	Jetzt werden Sie mal nicht frech. Ich kenne einige bedeutende Persönlichkeiten, die Ihnen eine Menge Unannehmlichkeiten bereiten können. Lassen Sie mich jetzt durch!
Beamter:	Nein!
Lukas:	Wissen Sie was? Machen Sie sich mal mit Ihrer Frau in den nächsten Tagen einen schönen Abend *(er holt einen 100-Euro-Schein hervor)*. Ich weiß ja, dass man in Ihrem Beruf völlig unterbezahlt ist.
Beamter:	Behalten Sie Ihr Geld, ich lasse Sie nicht zur Krippe durch. Die Geburt von Gottes Sohn ist doch kein Medienspektakel. Wir brauchen hier keine Paparazzi. Bitte zwingen Sie mich nicht, unhöflich zu werden. Presse ist nicht zugelassen, und Sie kommen hier schon gar nicht rein. Ich wäre Ihnen dankbar, wenn Sie jetzt diesen Ort verlassen würden.
Lukas:	Jetzt seien Sie doch nicht so hart. Mir geht es doch auch um die Sache. Seitdem ich mein Interview mit Johannes dem Täufer hatte, übrigens ein Exklusivinterview, das weltweit nachgedruckt wurde, habe ich intensiv über das Thema »Sohn Gottes« recherchiert. Ich weiß, dass es in meinem

	Berufsstand viele schwarze Schafe gibt, aber Sie wollen doch sicher, dass die Welt die Wahrheit erfährt.
Beamter:	Wissen Sie, da waren eben schon drei andere da. Die haben mir genau die gleiche Geschichte erzählt. Wie sie bei Johannes waren, dass keiner so toll und ehrlich schreibt wie sie und dass ich einen Riesenfehler begehe, wenn ich sie nicht reinlasse. Ich hatte bisher eine Engelsgeduld, aber wir sind manchmal auch nur Menschen. Passen Sie auf: Es ist schweinekalt, ich stehe hier seit viereinhalb Stunden und muss mich mit irgendwelchen Idioten herumschlagen, die sich alle für die bedeutendsten Schreiber der Weltgeschichte halten. Es steht mir bis hier. Vielleicht sogar noch etwas höher. Ich sag's jetzt zum letzten Mal: Verschwinden Sie!
Lukas:	Jetzt hören Sie mir mal zu: Ich, ich muss …
Beamter:	Nein!
Lukas:	Mmh, ja, also … *(er will schon gehen, zögert aber noch einmal)* ich weiß nicht, wie ich es Ihnen erklären soll. Es geht mir eigentlich gar nicht um meinen Artikel. Natürlich hätte ich gerne eine gute Story gehabt, aber das ist nicht das Entscheidende. Eigentlich bin ich aus privatem Interesse hier. Wissen Sie: Ich habe mit Johannes dem Täufer gesprochen, und da ist etwas mit mir passiert. Mir ist klar geworden, dass sich in dieser Welt etwas ändern wird, wenn dieser Sohn Gottes kommt. Und mir ist klar geworden, dass sich bei mir etwas ändern muss. Verstehen Sie, ich möchte so gern zu diesem Kind, ich muss, weil ich sonst nicht glücklich werde. Bitte. Ich kann ihm nichts bieten, ich bin einfach nur hier mit meiner Sehnsucht und meiner Angst …
Beamter:	Ich weiß nicht …
Lukas:	Bitte. Ich weiß, dass sich mein Leben radikal ändern wird, wenn ich dem Sohn Gottes begegne. Ich lasse auch alles draußen, meine Kamera, mein Diktiergerät, meinen Laptop und mein Handy.

Entlang des Kirchenjahres

Beamter:	Das kann ich ja verstehen, aber ich bekomme einen Rie-senkrach, wenn das rauskommt. Außerdem: So, wie Sie angezogen sind, sind Sie so dezent wie eine lila Kuh. *(Denkt einen Moment nach.)* Also gut. Eine Möglichkeit gibt es viel-leicht: Ziehen Sie diese Hirtenklamotten an und mischen Sie sich unauffällig unter den Rest.
Lukas:	Das würden Sie für mich machen? Das vergesse ich Ihnen nie.

Er nimmt die Kleider und streift sie schnell über.

	Es wird mich keiner bemerken, das verspreche ich Ihnen.
Beamter:	Schon gut. Aber wenn ich irgendwo nur ein einziges Wort über die Ereignisse des heutigen Tages von Ihnen lese …
Lukas:	Auf keinen Fall!
Beamter:	Ach, bevor ich's vergesse: Wie heißen Sie eigentlich?
Lukas:	Ich? Lukas!

Fabian Vogt / Kreativteam Niederhöchstadt

8. Die drei Könige

Art des Rollenspiels:	Altersstufe:
Spielszene mit verteilten Rollen	Jüngere Kinder
Mitspielende Personen: 3	**Requisiten:**
Caspar	Königsgewänder (z. B. von den Sternsingern)
Melchior	
Baltasar	
Mögliche Themen:	**Bibelstelle:**
Weihnachten	Mt 2,1–12: Die Huldigung der Sterndeuter

Caspar: Mensch, bin ich froh, wenn wir wieder zuhause sind! Das war schon ein weiter Weg.

Melchior: Da hast du recht. Aber es war auch die schönste Reise meines Lebens. Was wir alles erlebt haben!

Baltasar: Zwischendrin habe ich nicht mehr geglaubt, dass wir je ankommen. Einem Stern zu folgen ist ganz schön schwierig. Aber letztendlich hat er uns immer gut geführt, bis ganz zum Schluss.

Melchior: Was glaubt ihr, was Herodes jetzt macht?

Caspar: Der hat sicherlich eine saumäßige Wut auf uns. Er hat wahrscheinlich lange gewartet, ob wir nicht doch noch kommen werden und ihm vom neugeborenen Königskind erzählen.

Baltasar: Ich bin froh, dass wir nicht mehr nach Jerusalem gegangen sind. Dieser Herodes ist ein schrecklicher Mensch. Er hat doch nur seine Macht im Sinn. Vermutlich hätte er das neugeborene Kind sofort töten lassen.

Caspar: Ja, der wollte uns nur ausnutzen.

Melchior: Irgendwie schon komisch. Ich habe das Gefühl, dieses Kind hat uns total verändert. Wir sind nicht mehr auf der Suche. Sondern wir haben das gefunden, was uns ein Leben lang glücklich machen wird.

Baltasar: Ja, du hast recht. Und denke mal: Ein Kind hat das bewirkt.

Als wir loszogen, habe ich noch geglaubt, dass wir am Ende unserer Reise in einem Palast stehen und vor einem reichen König die Knie beugen. Aber es war alles ganz anders als gedacht.

Caspar:
Und doch habe ich keinen Augenblick gezweifelt. Ich wusste: Das ist der König, den wir suchen. Dieses Kind ist der Retter, auf den die ganze Welt wartet. Gott hat Großes mit ihm vor. Da macht es nichts, dass dieses Kind in einem Stall zur Welt kommen muss.

Melchior:
Auch für mich hat sich vieles geändert. Das Äußere zählt nicht mehr. Auf den inneren Wert eines Menschen kommt es an. Das hat das Kind in mir bewirkt.

Baltasar:
Ob die anderen zuhause uns glauben werden? Ob sie verstehen, was wir erlebt haben?

Melchior:
Vielleicht rechnen sie gar nicht mehr damit, dass wir noch zurückkommen. Wir waren einfach zu lange weg. Aber das ist egal. Diese Reise war es wert.

Caspar:
Ob wir irgendwann noch mal von dem Königskind Gottes hören werden?

Baltasar:
Eine gute Frage. Ich weiß es nicht. Aber schön wäre es, irgendwann zu erfahren, was aus dem Jesuskind geworden ist.

Claudia Schmidt

Lichtmess

9. Simeon und Hanna

Art des Rollenspiels:	Altersstufe:
Spielszene mit verteilten Rollen	Ältere Kinder
Mitspielende Personen: 5	**Requisiten:**
Erzähler/in	Puppe als Jesuskind
Maria	Evt. passende Kleider für die Personen
Josef	
Simeon	
Hanna	
Mögliche Themen:	**Bibelstelle:**
Messias	Lk 2,21–40: Simeon und Hanna im Tempel
Licht	
Jesus	

Erzähler/in:	Eines Tages gehen Maria und Josef nach Jerusalem hinauf, um den neugeborenen Jesus in den Tempel zu bringen.

Maria und Josef gehen langsam umher.

Maria:	Wie schön es ist, ein Kind zu haben! Ich bin Gott sehr dankbar, dass er uns einen Sohn geschenkt hat.
Josef:	Ja, ich auch. Wir wollen unser Kind Gott weihen, so wie es Brauch ist. Aber nicht nur, weil es Brauch ist. Immer noch spüre ich, dass unser Kind ein ganz besonderes ist, von Gott erwählt.
Erzähler/in:	Maria und Josef kommen im Tempel in Jerusalem an. Da geht ein alter Mann auf sie zu.

Simeon läuft auf beide zu.

Simeon:	Ich bin Simeon. Schon viele Jahre gehe ich Tag für Tag in den Tempel. Einst hat Gott mir versprochen, dass ich den Messias, den Retter der Welt sehen werde, bevor ich sterbe. Seitdem warte ich darauf. Und heute geschieht es. Dieses Kind ist das Licht der Welt. Es ist der ersehnte Retter, den Gott versprochen hat. Wie wunderbar, dass Gott mir

	diese Begegnung geschenkt hat! Jetzt kann ich beruhigt sterben.
Maria:	Josef, verstehst du, was Simeon sagt? Glaubst du auch, dass unser Kind die ganze Welt retten wird?
Josef:	Ich weiß es nicht, Maria. Aber ich glaube, dass Gott für uns und für Jesus einen besonderen Auftrag hat. Ich vertraue ihm.
Erzähler/in:	Im Tempel lebt auch eine alte Frau namens Hanna. Sie ist gottesfürchtig und fromm. Sie dient Gott und betet Tag für Tag. Nun kommt sie auf Maria und Josef zu.

Hanna kommt dazu.

Hanna:	Darf ich euer Kind in meinen Armen halten?

Hanna nimmt das Kind und hält es hoch.

> Es ist ein ganz besonderes Kind. Es ist von Gott geschickt. O Gott, ich danke dir, dass du der Welt in diesem Kind Rettung schenkst!

Hanna gibt das Kind an Maria zurück.

Maria:	Ich frage mich, was Gott alles mit unserem Kind vorhat.
Josef:	Hab keine Angst, Maria. Gott will Rettung und Heil, Licht und Frieden durch dieses Kind in die Welt bringen. Wie wunderbar ist es, dass Gott uns als seine Eltern ausgewählt hat. Wir wollen froh und dankbar unseren Auftrag erfüllen.

Maria und Josef gehen gemeinsam weg.

Erzähler/in:	So machen sich Maria und Josef wieder auf den Heimweg. Und sie behalten die Worte des Simeon und der Hanna in ihrem Herzen.

Claudia Schmidt

Fasching

10. Der aufgeräumte Fasching

Art des Rollenspiels: Spielszene mit verteilten Rollen	Altersstufe: Ältere Kinder
Mitspielende Personen: mind. 11 Erzähler/in Regierungssprecher Mind. 1 Hexe Mind. 1 Musiker/in Mind. 1 Prinz/essin Mind. 1 Clown 4 Zuschauer Eigenartige Frau	Requisiten: Verkleidung für Hexe(n), Musiker, Prinz(es-sinn)en, Clown(s) und für die eigenartige Frau
Mögliche Themen: Fasching Verschiedenheit Freude	Passende Bibelstellen: Lk 13,20 f: Das Gleichnis vom Sauerteig —

Erzähler/in: In einer Stadt gab es einst ein buntes Faschingstreiben mit vielen Gruppierungen.

Die Hexen, Musiker, Prinzessinnen/Prinzen, Clowns laufen wild durcheinander und alle tragen ihrer Verkleidung entsprechend zum Faschingstreiben bei. Jeweils nach einem lauten eindeutigen Pfiff sind alle still und bleiben stehen.
Pfiff

Musiker/in: Wir sind Musiker und machen einen wunderschönen Krach.

Das Faschingstreiben geht weiter.
Pfiff

Hexe: Wir sind so fürchterliche Hexen, da kommt der Winter bestimmt nicht wieder.

Faschingstreiben
Pfiff

Prinz/essin: Schaut uns an – sind wir nicht schön?!

Prinz/essin ruft einen ortsüblichen Faschingsruf in die Menge, alle antworten ent-
sprechend (z. B. Ortsname – Helau / Ortsname – Alaaf / Narri – Narro / Allez – Hopp
etc.)
Faschingstreiben
Pfiff

Clown: *(evtl. singend)* Oh Du lieber Augustin, alles ist hin.

Faschingstreiben
Viele kurze Pfiffe durch den Regierungssprecher

Regierungssprecher: Närrisches Volk, ich sehe und höre ein großes Durcheinander hier in dieser Stadt. Es wird Zeit, dass Ordnung
in das Chaos kommt. Deshalb hat die Regierung dieses
Landes beschlossen, das Faschingstreiben zu sortieren
und zu ordnen. Alle Musiker begeben sich nach Singen
(Musiker gehen in eine Ecke), alle Hexen nach Hexenberg *(He-*
xen gehen in eine andere Ecke), die Prinzessinnen und Prinzen
feiern ab sofort in der Schlossallee *(Prinzessinnen/Prinzen ge-*
hen in eine weitere Ecke) und die Clowns versammeln sich in
Spasshausen *(Clowns gehen in eine weitere Ecke)*.

Erzähler/in: So wurde ab sofort aufgeräumt Fasching gefeiert. Doch
was geschah? Niemand wollte mehr mitfeiern, die Menschen kamen immer enttäuschter aus den verschiedenen
Städten zurück.

Die Zuschauer wandern von einer Ecke in die andere und schütteln überall den Kopf.

Zuschauer 1:   Bei der Musik in Singen ist es nur noch laut, es ist schrecklich.

Zuschauer 2:   Bei den Hexen ist es sehr gruselig.

Zuschauer 3:   Den Clowns schaut niemand mehr zu, die spielen nur
noch für sich.

Zuschauer 4:   Ich kann euch sagen, bei den Prinzessinnen und Prinzen
ist es schlichtweg langweilig.

Erzähler/in: Eines Tages wanderte eine eigenartige Frau durch das
Land, sie hatte einen Hexenrock an, trug eine Krone auf
dem Kopf, eine rote Nase im Gesicht und schlug auf eine
Trommel.

Frau:	Erinnert Ihr Euch, dass es eine Zeit gab, in der hier alles bunt war? Ich bitte alle, die noch einen kleinen närrischen Funken in ihrem Herz haben, in die Stadt zu kommen um gemeinsam Fasching zu feiern.

Die Frau holt alle Gruppen aus ihren Ecken heraus.

	Ihr Clowns, kommt her, und ihr Hexen, wir brauchen euch, ihr Prinzen und Prinzessinnen, durch euch wird es noch schöner, und was ist Fasching ohne Musik – auf, ihr Musiker, lasst uns zusammen feiern!
Erzähler/in:	Beim sonntäglichen Umzug waren wieder alle willkommen, jeder so, wie es ihm am besten gefiel. Und es war der schönste Fasching seit langem – ein buntes Treiben.

Alle springen umher wie zu Beginn.

Tobias Haas

Karwoche

11. Der Friedenskönig in unserer Mitte

Art des Rollenspiels:	Altersstufe:
Lesetext mit verteilten Rollen	Jüngere Kinder
Mitspielende Personen: 8	**Requisiten:**
Sprecher/in	Evt. Teelichter, um nach jedem Ruf der Kinder
Kind 1–7	eines zu entzünden.
Mögliche Themen:	**Passende Bibelstelle:**
König	Mt 21,1–11: Einzug Jesu nach Jerusalem
Jesus	
Palmsonntag	

Sprecher/in: Jesus Christus ist unser König, ein großer König, ein guter König, liebevoll und gütig. Ein König, der nicht auf einem hohen Pferd sitzt, sondern auf einem Esel, auf einem Tier, das den armen Leuten gehört. Er trägt keine Krone, er hat kein Zepter in der Hand, und doch jubelten die Menschen damals: »Du bist unser König!« Er hat kein Schloss, keine Diener. Er will selbst dienen. Er ist arm, jedoch sein Herz ist reich. Er liebt die Menschen, seine Liebe ist groß und mächtig. Seine Liebe ist so groß und mächtig, dass er sogar sein Leben für uns Menschen hingegeben hat.
Jesus sagt: Ich bin ein König, aber ein anderer König. Was für ein König er ist, das hören wir nun:

Wir wollen über die Menschen herrschen.

1. Kind: Mein Königtum ist anders: Ich will den Menschen dienen.

Sprecher/in: Wir wollen stolz sein und über den Menschen stehen.

2. Kind: Mein Königtum ist anders: Ich will den Menschen ganz nahe sein, sie sollen sich bei mir geborgen fühlen.

Sprecher/in: Wir wollen Macht ausüben.

3. Kind: Mein Königtum ist anders: Ich will die traurigen Menschen trösten. Sie sollen wieder Freude am Leben haben.

Sprecher/in:	Wir denken nur an uns selbst.
4. Kind:	Mein Königtum ist anders: Ich liebe die Menschen und will ihnen wie ein guter Bruder und Freund sein.
Sprecher/in:	Wir streiten uns und führen Kriege.
5. Kind:	Mein Königtum ist anders: Ich komme, um die Menschen zu versöhnen und Frieden zu stiften.
Sprecher/in:	Wir zerstören vieles, achten nicht auf unsere Umwelt.
6. Kind:	Mein Königtum ist anders: Ich komme, um Leben zu bringen und zu heilen, was verwundet ist.
Sprecher/in:	Wir wollen groß sein, wollen Glanz und Ansehen.
7. Kind:	Mein Königtum ist anders: Ich schaue mit Liebe die Kleinen und die Ausgegrenzten an und will mein Leben für die Menschen hingeben!

Petra Focke, aus: Dies., Jesus mitten unter uns.
Mit Kindern und Jugendlichen die Fasten- und Osterzeit gestalten.
© Verlag Herder GmbH, Freiburg im Breisgau 2006.

12. Als Jesus nach Jerusalem kam …

Art des Rollenspiels:	Altersstufe:
Interview	Jüngere Kinder/ältere Kinder

Mitspielende Personen: 6	Requisiten:
Sprecher/in Reporter/in Mädchen Petrus Schriftgelehrter Bartimäus	Evt. Mikrofon(-attrappe)

Mögliche Themen:	Passende Bibelstellen:
Jesus König Palmsonntag	Mt 21,1–11: Einzug Jesu nach Jerusalem

Hinweis:	
Im Anschluss an das Interview kann die Passionserzählung vorgelesen werden, z. B. in einer kindgerechten Version.	

Sprecher/in:	»Hosanna, Hosanna! Hochgelobt sei, der da kommt im Namen des Herrn!«, haben die Menschen damals gerufen. Viele waren froh und begeistert. Aber es gab auch manche, die Jesus nicht zujubelten. Wir werden jetzt hören, wie die Menschen Jesus damals erlebt haben.
Reporter/in:	Hallo – ja du, komm doch bitte einmal her!
Mädchen:	Guten Tag!
Reporter/in:	Sag einmal, wie hast du denn den tollen Einzug von Jesus in die Stadt erlebt?
Mädchen:	Das war einfach klasse! Endlich war so richtig was los. Jesus, der konnte die Menschen noch begeistern! Der war total in Ordnung. Er hat uns Kinder nicht einfach weggeschickt, wie die anderen Erwachsenen es oft getan haben. Er hat sich für uns Zeit genommen.
Reporter/in:	Ist das nicht ein Jünger von Jesus, der da gerade kommt? Ach ja, das ist doch Petrus! Hallo Petrus!

Petrus:	Tag! Auch wieder im Lande?
Reporter/in:	Ja, ja … Petrus, was hast du denn gedacht, als die vielen Menschen eurem Meister so zugejubelt haben?
Petrus:	Irgendwie war das schon toll, dass so viele begeistert waren. Jesus war ja unser Freund! Aber so ganz geheuer war mir das Ganze nicht. Heute jubeln sie, und morgen? Du weißt ja selber, wie schnell man seine Meinung ändert. Und – Jesus hatte nicht nur Freunde!
Reporter/in:	Ja, ich weiß. Wenn ich da an die Schriftgelehrten und die Pharisäer denke. Die haben Jesus doch schon oft Fallen gestellt. Ich werde gleich versuchen, einen Schriftgelehrten zu befragen. – Ach, da drüben sehe ich Bartimäus! Er war lange Zeit blind, bis Jesus ihn geheilt hat. Hallo Bartimäus, was machst du denn hier?
Bartimäus:	Jesus hat mir doch geholfen, er hat mich wieder sehend gemacht. Er hat mein Leben gerettet. Da bin ich ihm nachgefolgt. Gut, dass es ihn gibt. Er ist wirklich ein toller König. Ein König des Friedens!
Reporter/in:	Ja, bislang habe ich nur Gutes gehört! Ist das dort hinten nicht ein Schriftgelehrter?
Bartimäus:	Richtig!
Reporter/in:	Darf ich Ihnen mal eine Frage stellen?
Schriftgelehrter:	Ja – aber schnell, ich habe nicht viel Zeit!
Reporter/in:	Sie kennen doch Jesus, Jesus von Nazareth …
Schriftgelehrter:	Natürlich. Beliebt war er ja, dieser Jesus! Wenn ich an all die Menschen denke, die ihm gefolgt sind und ganz begeistert waren … Aber auch gefährlich. Er wiegelte das Volk auf, stellte alles auf den Kopf. Mit den schlechtesten Leuten gab er sich ab, mit Sündern, Aussätzigen, Kranken … Er hielt sich nicht an die Gebote. So konnte es auf keinen Fall weitergehen!
Sprecher/in:	Ja – viele Menschen haben Jesus zugejubelt. Dieselben Menschen haben aber wenige Tage später gegen ihn ge-

schrieen. Sie waren sich nämlich nicht einig, ob Jesus wirklich der Messias und König war, auf den sie schon so lange gewartet hatten. Wie es Jesus in Jerusalem ergangen ist, das kennen wir vom Kreuzweg, dem Leidensweg Jesu.

Petra Focke, aus: Dies., Jesus mitten unter uns.
Mit Kindern und Jugendlichen die Fasten- und Osterzeit gestalten.
© Verlag Herder GmbH, Freiburg im Breisgau 2006.

13. Passionsspiel 1

Art des Rollenspiels:	Altersstufe:
Lesetext mit verteilten Rollen	Ältere Kinder/Jugendliche

Mitspielende Personen: 7	Requisiten:
Jesus Johannes Petrus Magd Simon Hauptmann Erzähler/in	Die Personen können mit Symbolen oder passenden Kleidern ausgestattet werden.

Hinweise:	Bibelstelle:
Beim Passionsspiel, das sich gut für den Palmsonntag oder Karfreitag eignet, stellen sich zunächst die wichtigsten Personen selbst vor. Sie nehmen uns mit in das Geschehen hinein. Anschließend wird die Passionsgeschichte mit verteilten Rollen nacherzählt. Es ist möglich, zwischen den einzelnen Abschnitten passende Lieder zu singen.	Leidensgeschichte (z. B. Mk 14,32–15,39)

Vorstellung der Personen:

Erzähler/in: Bevor wir die Geschichte des Leidens und Sterbens Jesu Christi hören, wollen wir die Menschen am Kreuzweg kennenlernen. Sie stellen sich jetzt vor. Hört gut zu, was sie uns heute zu sagen haben.

Jesus: Ich bin Jesus. Ich möchte, dass die Menschen Anteil haben am Reich Gottes. Besonders für die Ausgegrenzten ergreife ich immer wieder Partei. Gott liebt sie, das sollen sie wissen.
Für sie und für euch alle gehe ich in den Tod. Ich sterbe, weil ich nur dadurch zeigen kann, dass die Liebe stärker ist als der Tod. Vorher feiere ich mit meinen Jüngern das Paschamahl. Ich gebe ihnen Brot und Wein. Und in Brot und Wein schenke ich mich selbst. Wenn meine Jünger später miteinander Mahl halten, werden sie sich daran erinnern. Im Brot ist Leben. Im Wein ist Heil.

Johannes: Ich bin Johannes, ein Jünger Jesu. Ich habe mit Jesus das Paschamahl gefeiert. Danach hat er mich mitgenommen in den Garten Getsemani. Jesus hat dort gebetet, wie er noch nie in seinem Leben gebetet hat. Doch wir haben geschlafen. Wir haben es nicht fertiggebracht, mit ihm auszuhalten und zu wachen.

Als dann die Soldaten kamen, sind wir einfach weggerannt. Wir waren so feige. Wir hatten solche Angst. Trotzdem hat mir Jesus später seine Mutter anvertraut. Er hat nicht aufgehört, an mich zu glauben.

Heute bin ich hier, um dich zu fragen: Bist auch du schon einmal weggerannt, obwohl es besser gewesen wäre zu bleiben? Und ich möchte dir sagen: Hab trotzdem Mut. Jesus vergibt uns, er lässt uns nie im Stich.

Petrus: Ich bin Petrus. Immer war ich ein Jünger, der sich stark gefühlt hat. Ich war für die anderen wie ein Fels in der Brandung. Und dann, dann habe ich versagt. Ich habe Jesus verraten. Ich habe geleugnet, ihn zu kennen. Wie habe ich mich geschämt. Ich, Petrus, bin so ein Feigling.

Heute bin ich hier, um dich zu fragen: Hast auch du manchmal Angst, dich zu Gott zu bekennen? Dann fürchte dich nicht. Jesus hat mich zum Freund erkoren, obwohl ich so sehr versagt habe. Er lädt auch dich ein, sein Freund zu sein.

Simon: Ich bin Simon von Zyrene. Ich komme aus dem Ausland. In Jerusalem bin ich plötzlich in eine komische Sache hineingeraten. Ein Hauptmann hat mir befohlen, das Kreuz eines Verbrechers ein Stück weit zu tragen. Als ich Jesus ins Gesicht sah, als ich seinem Blick begegnete, da wusste ich, dass er kein Verbrecher ist. Ich habe das Kreuz gern für ihn getragen, damit er ein bisschen aufatmen kann.

Heute bin ich hier, um allen Mut zu machen, die anderen helfen, eine Last zu tragen. Ich wünsche ihnen viel Kraft bei ihrem Dienst. Sie tun ihn für Jesus selbst, der am Kreuzesstamm für uns alle starb.

Hauptmann: Ich bin der Hauptmann, der Jesus zu seiner Hinrichtung geführt hat. Ich habe in ihm einen ganz normalen Verbrecher gesehen. Doch als ich sah, wie er starb, bin ich zum Glauben an ihn gekommen.

Heute bin ich hier, um dich zu fragen: Verurteilst auch du manchmal andere, ohne sie zu kennen? Ich möchte dir sagen: Schau tiefer. In jedem Menschen kannst du Gott erkennen.

Erzähler/in: Hören wir jetzt, wie Jesus leiden musste und schließlich für uns alle am Kreuz starb.

Passionserzählung:

Erzähler/in: Nach dem letzten Abendmahl ging Jesus mit seinen Jüngern hinaus in einen Garten. Der Garten hieß Getsemani. Jesus hatte große Angst. Er wusste, dass die Soldaten bald kommen würden, um ihn zu verhaften und zu töten.

Jesus: Wir sind hier, um zu Gott zu beten. Ich bin in großer Bedrängnis. Werdet ihr mit mir in dieser Nacht wachen? Und werdet auch ihr Gott bitten, dass er bei mir bleibt und mich vom Tod verschont?

Petrus und Johannes: Wir verlassen dich nie. Wir werden mit dir wachen und beten.

Erzähler/in: Doch die Jünger schliefen bald ein, so müde waren sie. Jesus aber blieb wach. Er betete voller Innbrunst zu seinem Vater.

Jesus: Vater im Himmel, ich habe solche Angst vor dem Tod. Lass mich nicht sterben. Aber nicht mein Wille soll geschehen, sondern deiner. Gib mir Kraft, deinem Weg zu folgen.

Erzähler/in: Bald schon kamen Soldaten in den Garten, um Jesus gefangen zu nehmen. Sie fesselten ihn und nahmen ihn mit. Die Jünger flohen in alle Himmelsrichtungen. Nur Petrus schlich den Soldaten nach. Er wollte sehen, wohin sie seinen Herrn bringen würden. Im Hof des Palastes, wo Jesus verhört wurde, setzte Petrus sich ans Feuer der Knechte, um etwas über ihn in Erfahrung zu bringen. Da kam eine Magd herbei, die ihn erkannt hatte.

Magd: Du gehörst doch auch zu den Jüngern Jesu!

Petrus:	Nein, du irrst dich. Ich kenne diesen Menschen nicht.
Magd:	Doch, gib es zu, du warst im Garten dabei.
Petrus:	Das ist nicht wahr, du musst mich verwechseln.
Magd:	Ich glaube, du lügst. Du bist ein Anhänger dieses Mannes.
Petrus:	Lass mich allein. Mit Jesus habe ich nichts zu tun.
Erzähler/in:	In diesem Moment krähte ein Hahn. Petrus begann bitterlich zu weinen. Er hatte Jesus verraten, so wie er es ihm vorausgesagt hatte.
	Die Soldaten holten Jesus ab. Sie peitschten ihn aus und verspotteten ihn. Der Hauptmann befahl Jesus, sein Kreuz zur Hinrichtungsstätte zu tragen. Jesus nahm das Kreuz auf, aber der Weg war lang. Jesus brach unter der Last des Kreuzes zusammen, so geschwächt war er. Da kam ein Mann des Wegs.
Hauptmann:	He du da! Komm her! Du bist ein Ausländer. Du kannst diesem Verbrecher helfen, das Kreuz zu tragen. Er bricht bereits jetzt unter der Last zusammen.
Simon:	Warum soll ich helfen, das Kreuz zu tragen? Was habe ich mit diesem Menschen zu tun?
Erzähler/in:	Simon wollte schon eilig weitergehen. Doch als er Jesus ansah, ging ihm der Blick durch Mark und Bein. Simon dachte bei sich:
Simon:	Was ist nur passiert, dass dieser arme Mensch so leiden muss? Er ist unschuldig, ich spüre es. Er tut mir leid. Ich werde ihm helfen, seinen schweren Weg zu gehen. Nicht weil der Hauptmann es befiehlt, sondern weil ich Mitleid mit ihm habe. Ich werde die Last für ihn tragen, auch wenn ich diesem Unschuldigen sein Leid nicht ersparen kann.
Erzähler/in:	So trug Simon für Jesus das Kreuz. Er trug es bis zur Hinrichtungsstätte. Die Soldaten nahmen Jesus die Kleider weg und verteilten sie unter sich. Sie nagelten Jesus ans Kreuz und brachten über ihm eine Inschrift an: »Das ist der König der Juden«. Die Menschen spotteten über ihn.

Alle Jünger waren weggelaufen. Nur Johannes, Maria und ein paar Frauen standen unter dem Kreuz und erlebten mit, was geschah.

Jesus litt. Er quälte sich viele Stunden lang. Doch er dachte nicht nur an sich und sein Leid. Er dachte in dieser bitteren Stunde auch an seine Mutter, die ihm das Leben geschenkt hatte.

Jesus: Johannes, wirst du an meiner Stelle für meine Mutter sorgen?

Johannes: Gerne werde ich es tun. Sei unbesorgt. Ich nehme sie zu mir.

Jesus: Geh mit ihm, Mutter, er wird für dich sorgen.

Erzähler/in: Sonst sprach Jesus kaum ein Wort. In seinem Inneren betete er zu Gott. Doch sein Glaube an den guten Vater im Himmel wurde auf eine harte Probe gestellt. Irgendwann schrie Jesus laut auf.

Jesus: Vater, warum hast du mich verlassen?

Erzähler/in: Doch es kam keine Antwort. Eine große Finsternis senkte sich über das ganze Land. So hing Jesus zwischen Himmel und Erde und rang mit dem Tod.

Als die neunte Stunde des Tages anbrach, schrie Jesus ein letztes Mal. Dann neigte er sein Haupt und starb.

In diesem Augenblick gingen dem Hauptmann, der Jesus zur Hinrichtungsstätte geführt hatte, die Augen auf. Er verstand. Und er bezeugte beschämt:

Hauptmann: Wahrhaftig, dieser Mensch war Gottes Sohn.

An dieser Stelle können die Kirchenglocken geläutet werden.

Claudia Schmidt

14. Passionsspiel 2

Art des Rollenspiels:	Altersstufe:
Lesetext mit verteilten Rollen	Jugendliche / junge Erwachsene

Mitspielende Personen: 16	Requisiten:
Erzähler/in	Großes, tragbares Kreuz
Priester (Kaiphas)	Kennzeichnung der einzelnen Spielorte durch
Judas	einfache, aber stimmige Zeichen (z. B. Hocker
Jesus	mit bestimmten Farbtüchern darüber, durch
Pilatus	aufgestellte Symbolgegenstände oder Plakat-
Lektor/in 1 (liest meditative Zwischentexte)	tafeln)
Lektor/innen 2–11 (lesen Kreuzwegstationen)	Besonderer Platz für Erzähler/in

Hinweise:	Passende Bibelstellen:
Das Passionsspiel besteht aus zwei Teilen. Im 1. Teil »Die Verurteilung« werden die Szenen in verteilten Rollen gelesen. Beim 2. Teil »Der Kreuzweg« ist es sinnvoll, gemeinsam einen Kreuzweg abzugehen (z. B. in der Kirche). Wo dies nicht möglich ist, kann man auch parallel zum Text Kreuzwegbilder zeigen.	Leidensgeschichte (z. B. Mk 14,32–15,39)

Die Verurteilung

Erzähler/in: In zwei Tagen sollte das Pascha-Fest stattfinden, das »Fest der süßen Brote«. Die Würdenträger unter den Priestern berieten inzwischen, auf welche Weise sie Jesus klug und unbemerkt greifen und umbringen könnten.

Priester: Nicht am Fest. Es gibt einen Aufruhr, wenn wir ihn am Festtag gefangen nehmen. Die Leute lieben diesen Jesus, einen Schauprozess würden sie uns nicht verzeihen. Sie laufen ihm nach. Wir müssen vollendete Tatsachen schaffen.

Judas: Ich weiß einen Weg.

Priester: Wer sind Sie? Was wollen Sie?

Judas: Ich bin Judas, der Eiferer. Ich laufe Jesus auch nach. Aber

	ich weiß einen Weg, ihn zu verraten, denn ich kenne seine Gewohnheiten. Verlasst euch auf mich.
Priester:	Wir verlassen uns auf Sie.
Erzähler/in:	Sie freuten sich und versprachen, ihm einen Lohn, nämlich Geld, zu geben. Er aber suchte eine Gelegenheit, Jesus zu einem günstigen Zeitpunkt auszuliefern. Es wurde Abend, und Jesus kam mit den Zwölfen. Während sie nun zu Tisch lagen und aßen, fing Jesus an zu sprechen:
Jesus:	Einer von euch wird mich verraten. Einer, der jetzt eben mit mir speist!
Erzähler/in:	Das traf die Jünger hart. Nacheinander fragten sie ihn: »Du meinst doch nicht mich?« Und Jesus antwortete:
Jesus:	Einer von den Zwölfen. Der, der jetzt eben die Hand mit mir in die Schüssel taucht. Es ist dem Messias zwar bestimmt, in den Tod zu gehen, aber Unheil über den Menschen, der das Werkzeug des Verrats wird. Es wäre besser für ihn, er wäre nie zur Welt gekommen.
Erzähler/in:	Während des Essens nahm Jesus Brot, dankte und brach es, gab es seinen Jüngern und sprach:
Jesus:	Nehmet! Das ist mein Leib.
Erzähler/in:	Und er nahm den Kelch, dankte, reichte ihnen den, und sie tranken alle daraus.
Jesus:	Das ist mein Blut, das Zeichen neuer Gemeinschaft zwischen Gott und euch. Es wird vergossen, damit viele frei werden von ihrer Schuld.
Lektor/in 1:	Ihr esst, ihr da. Ihr trinkt, ihr da. Wisst ihr da auch, was es heißt, den Kelch des Herrn zu leeren? Den Kelch, den er selbst zu trinken bereit ist? Den Kelch, der das Leiden nicht erspart? Ihr esst, ihr da. Ihr trinkt, ihr da.

Nun müsst Ihr da auch mitgehen. Durch dick und dünn.
Durch Verrat und Tod.
Durch Tod und Auferstehung.
Ihr esst, ihr da.
Ihr trinkt, ihr da.
Und da könnt ihr da noch so ruhig dastehen?
Kommt mit auf den Ölberg.

Erzähler/in: Dann brach Jesus mit seinen Jüngern auf. Sie kamen zu einem Landgut, genannt Getsemani. Dort wies er seine Freunde an:

Jesus: Setzt euch hier hin. Ich will dort hinübergehen und beten. Meine Seele ist zu Tode betrübt. Mein Vater, wenn es möglich ist, lass das Entsetzliche an mir vorübergehen! Aber nicht wie ich will, sondern wie du willst, soll es geschehen.

Erzähler/in: Während Jesus sich ängstigt, könnt ihr schlafen. Er weckt euch auf, zweimal, und ihr schlaft wieder ein. Ihr merkt erst zu spät, dass Soldaten gekommen sind, und Judas an deren Spitze.

Judas: Sei gegrüßt, Rabbi. Ich küsse dich.

Jesus: Ihr seid ausgezogen mit Schwertern und Spießen, mich zu fangen, als ob es um einen Mörder ginge. Jeden Tag saß ich im Tempel und habe geredet. Ihr aber getrautet euch nicht, Hand an mich zu legen. Doch das alles geschieht, wie Gott es wollte und wie er es den Propheten angekündigt hat.

Erzähler/in: Seine Freunde verließen ihn. Nur noch Schaulustige waren da. An ihnen vorbei führten die Soldaten Jesus zu Kaiphas, dem Hohenpriester.

Priester: Wenn du der Christus bist, sprich's zu uns.

Jesus: Wenn ich zu euch spreche, werdet ihr nicht glauben! Wenn ich aber frage, werdet ihr nicht antworten! Von jetzt an aber wird sein der Menschensohn sitzend zur Rechten der Kraft Gottes.

Priester: Du also bist der Sohn Gottes?

Jesus: Ihr sagt, dass ich's bin!

Priester:	Was brauchen wir noch Zeugnis? Denn wir selbst haben's aus seinem Mund gehört!
Erzähler/in:	In der Morgenfrühe führten sie Jesus von Kaiphas aus hinunter vor den Palast des römischen Gouverneurs. Pilatus ließ Jesus kommen und fragte ihn:
Pilatus:	Bist du tatsächlich der König der Juden?
Jesus:	Fragst du das von dir aus, oder haben es andere über mich gesagt?
Pilatus:	Ich bin doch kein Jude! Dein Volk und die Hohenpriester haben dich mir übergeben. Was hast du getan?
Jesus:	Mein Reich gehört nicht dieser Welt an, wie andere Reiche. Wäre es ein Reich wie andere, würden mich meine Anhänger gegen die Juden schützen. Aber mein Reich ist von ganz anderer Art.
Pilatus:	Aber ein König bist du doch?
Jesus:	Ja, ich bin ein König, ich bin geboren und in die Welt gekommen, um für die Wahrheit einzustehen. Wem Gott die Ohren für die Wahrheit öffnet, der hört meine Stimme.
Pilatus:	Was ist Wahrheit? Juden! Ich finde keine Schuld an ihm!
Erzähler/in:	Aber sie sind stärker. Und am Ende tut auch Pilatus so, als hätte er kein Wort mit Jesus gewechselt. Sie sind stärker.
Lektor/in 1:	Du sagst »Weiß«, und er macht »Schwarz« daraus. Du sagst »Gott«, und er macht »Teufel« daraus. Du sagst »Leben«, und er macht »Tod« daraus. Du sagst »Befreiung«, und er macht »Verurteilung« daraus. Du sagst »Mensch«, und er macht »Gott« daraus. Du sagst »Leben«, und er macht »Tod« daraus.

Der Kreuzweg

Für den folgenden Teil der Passion werden alle Teilnehmer/innen eingeladen, dem »Kreuzweg« der Spieler zu folgen (wo das schwierig ist, sollten wenigstens alle Darsteller/innen zusammen gehen). Es bietet sich an, den in der Kirche installierten Kreuzwegbildern nachzugehen und an jeder Station kurz anzuhalten, um die Textausschnitte aus dem Kreuzweg (GL 775) durch verschiedene Lektor/innen zu hören. Der Jesus-Darsteller trägt ein großes Kreuz, das er am Golgatha-Platz abstellt und vor das er sich selbst stellt oder setzt.

Lektor/in 2:	Die Soldaten bringen das Kreuz. Freiwillig nimmt es der Herr auf seine Schultern. Er will den bitteren Kelch trinken, den der Vater reicht.
Lektor/in 3:	Die Last ist schwer, der Weg steinig, der Herr zu Tode ermattet. Er schwankt und fällt. Doch er wird emporgerissen und zum Weitergehen gezwungen.
Lektor/in 4:	Die Mutter steht am Weg, den der Sohn mit seinem schweren Kreuz geht. Ihre Blicke begegnen sich. Sie erkennt seine Qual und trägt alles Leid mit ihm.
Lektor/in 5:	Der Herr vermag die Kreuzeslast nicht mehr zu tragen. Da zwingen die Soldaten einen Mann, der vom Feld kommt und eben vorübergeht, Jesus das Kreuz zu tragen.
Lektor/in 6:	Veronika sieht Jesu Leid und die Rohheit der Soldaten. Sie fragt nicht, was die Menschen denken. Mutig dringt sie durch die Menge und bietet dem Herrn das Schweißtuch dar, in das er sein Antlitz drückt.
Lektor/in 7:	Die Schwäche und die Schmerzen des Herrn nehmen immer mehr zu. Er fällt ein zweites Mal, schwerer und schmerzlicher als zuvor. Mit großer Anstrengung steht er auf, um sein Opfer zu vollenden.
Lektor/in 8:	Am Weg stehen Frauen, die den gequälten Herrn beweinen. Er aber denkt voll Mitleid an das Unheil, das über sie kommen wird.
Lektor/in 9:	Der Herr ist zu Tode erschöpft und bricht ein drittes Mal unter der Last des Kreuzes zusammen. Doch er will das

	Werk vollenden, das der Vater ihm aufgetragen hat. So rafft er sich mit letzter Kraft noch einmal auf.
Lektor/in 10:	Zu Tode ermattet ist der Herr auf dem Berg Golgatha angekommen. Die Soldaten reißen ihm vor allem Volk die Kleider vom Leib.
Lektor/in 11:	Sie werfen Jesus zu Boden. Sie durchbohren seine Hände und Füße und schlagen ihn ans Kreuz. Dann richten sie es empor.
Jesus:	Jetzt ist das Wort erfüllt: »Wenn ich von der Erde erhöht bin, werde ich alle an mich ziehen.«
Erzähler/in:	Danach sah Jesus, dass schon alles vollendet und dass alles, was die heilige Schrift über seinen Weg gesagt hatte, zum Ziel geführt war, und sprach: »Mich dürstet.« Nun stand da ein Gefäß mit Essig, und die Soldaten steckten einen mit Essig gefüllten Schwamm auf einen Stock und hielten den an seinen Mund. Jesus nahm davon und sprach: »Es ist vollbracht!«, ließ das Haupt sinken und starb.

Für die folgende Begräbnis-Darstellung könnte ein weißes Tuch über den Jesus-Spieler gebreitet werden, ohne dass er seinen Platz vor dem Kreuz verlassen muss.

Erzähler/in:	Als es Abend war, kam ein reicher Mann aus Arimathia namens Joseph, der Jesus als sein Anhänger und Schüler verbunden gewesen war. Der ging zu Pilatus und bat um den Leib des Toten, und Pilatus ordnete an, man solle ihm den übergeben. Joseph nahm den Leib, hüllte ihn in eine reine Leinwand und bestattete ihn in seinem eigenen, neuen Grabgewölbe, das er in einen Felsen hatte hauen lassen. Er wälzte einen großen runden Stein vor den Eingang des Grabes und ging fort.

Werner Kuchar, aus: Ders., Passion aus Leidenschaft.
Neue Gottesdienste und Gemeindefeiern für Fastenzeit und Ostern.
© Verlag Herder GmbH, Freiburg im Breisgau 2000.

Entlang des Kirchenjahres

Ostern

15. Die Emmaus-Jünger

Art des Rollenspiels:	Altersstufe:
Spielszene mit verteilten Rollen	Jüngere Kinder
Mitspielende Personen: 2	**Requisiten:**
Kleopas	keine
Jakobus	
Mögliche Themen:	**Bibelstelle:**
Tod	Lk 24,13–35: Die Emmaus-Jünger
Auferstehung	

Kleopas: Weißt du noch, damals?

Jakobus: Was meinst du?

Kleopas: Damals, nach dem Tod von Jesus. Wir waren doch so furchtbar traurig, dass er gestorben ist.

Jakobus: Ja, das war schlimm. Ich habe damals gar nicht mehr gewusst, wie mein Leben weitergehen soll.

Kleopas: Und weißt du noch, auf dem Weg nach Emmaus?

Jakobus: Ja, wir haben viel geredet unterwegs. Das hat gut getan.

Kleopas: Als Jesus plötzlich mit uns ging, habe ich ihn gar nicht erkannt!

Jakobus: Ich auch nicht. Wie sollten wir auch? Wir waren ja blind vor Kummer.

Kleopas: Und dann hat der Fremde uns alles erklärt. Da hat mein Herz gebrannt. Ich habe ein bisschen verstanden, warum das alles passieren musste.

Jakobus: Und ich war so froh, dass dieser Fremde noch bei uns blieb, als wir abends in Emmaus ankamen. Ich spürte, dass ich mich bei ihm so wohl fühle.

Kleopas: Als er dann das Brot für uns brach beim Abendessen, da war plötzlich alles klar. Ich spürte tief im Herzen: Das ist Jesus, er lebt.

Jakobus: Ich war ganz außer mir vor Freude. Schade, dass wir ihn dann schon nicht mehr sehen konnten. Er ist einfach verschwunden.

Kleopas: Ja, aber im Herzen haben wir ihn mitgenommen zu den anderen Jüngern, als wir ihnen von unserem Erlebnis erzählten.

Jakobus: Jetzt sind schon so viele Jahre seitdem vergangen. Aber immer noch spüre ich, dass Jesus lebt und mir ganz nahe ist.

Claudia Schmidt

16. Der ungläubige Thomas

Art des Rollenspiels:	Altersstufe:
Lesetext mit verteilten Rollen	Ältere Kinder / Jugendliche

Mitspielende Personen: 7	Requisiten:
Erzähler/in	keine
Andreas	
Philippus	
Jakobus	
Simon Petrus	
Thomas	
Lektor	

Mögliche Themen:	Bibelstelle:
Glaube	Joh 20,19–28: Der ungläubige Thomas
Zweifel	
Tod	
Auferstehung	

Hinweise:

Dieses Lesespiel wird in verteilten Rollen vorgelesen. Ein/e Erzähler/in führt durch die Geschichte. Nach der Vorstellung der Personen gibt es einen Dialog der Jünger zu hören. An zwei Stellen wird aus dem Johannes-Evangelium vorgelesen. Dies kann z. B. ein Lektor vom Ambo aus machen. Der Text des Evangeliums ist leicht abgeändert, damit ihn Kinder besser verstehen können.

Erzähler/in: Es ist der erste Tag der Woche. Seit drei Tagen ist Jesus tot. Die Jünger Andreas, Philippus, Simon Petrus, Jakobus und Thomas haben sich in einem Haus versteckt. Sie haben Angst. Hören wir, was sie uns erzählen:

Andreas: Ich heiße Andreas. Vor drei Jahren bin ich Jesus nachgefolgt. Alles, was ich hatte, habe ich aufgegeben, um mit Jesus zu gehen. Er hat mir gefallen. Ich habe bewundert, wie sehr ihm jeder einzelne Mensch am Herzen lag. Es war eine schöne Zeit mit ihm. Doch nun ist sie zu Ende. Jesus ist tot. Ich bin sehr traurig.

Philippus: Ich heiße Philippus. Jesus war auch für mich ein guter

	Freund. Dass er jetzt tot sein soll, kann ich gar nicht fassen. Er hat allen Menschen so viel Leben gebracht. Und nun ist er selbst gestorben. Ich weiß nicht, was ich davon halten soll. Warum hat Gott das zugelassen?
Jakobus:	Ich heiße Jakobus. Ich habe schreckliche Angst. Jesus wurde umgebracht. Wer weiß denn, ob nicht auch wir getötet werden sollen? Lasst uns die Türen und Fenster ganz fest verschließen, damit niemand uns hier sehen kann.
Simon Petrus:	Ich bin Simon Petrus. Auch ich war ein Jünger Jesu. Ich habe ihm ganz vertraut und dachte, dass ich mein Leben für ihn geben würde. Doch in der Stunde seines Todes habe ich ihn verraten. Ich schäme mich sehr dafür.
	Heute Morgen dann ist etwas Komisches passiert. Wir waren beim Grab, in das man Jesus gelegt hatte. Doch es war leer. Ich begreife das nicht. Die Frauen erzählen, dass Jesus lebt. Aber kann das denn sein?
Thomas:	Ich bin Thomas. Auch ich habe das Gerede der Frauen gehört. Es kann gar nicht sein, dass Jesus lebt. Tot ist nun einmal tot. Sicherlich sind die Frauen noch ganz durcheinander, weil der Tod Jesu sie so mitgenommen hat. Doch ich glaube, ich gehe jetzt. Ich muss für eine Weile alleine sein.

Thomas stellt sich abseits.

Erzähler/in:	Die fünf Jünger wissen nicht, was sie vom Tod Jesu halten sollen. Nicht nur die Tür zu ihrem Haus ist verschlossen, sondern auch ihr Herz. So bleiben sie ängstlich beisammen, alle außer Thomas. Doch am Abend geschieht plötzlich etwas Unglaubliches. In der Bibel wird Folgendes berichtet:
Lektor/in:	Aus dem Evangelium nach Johannes:
	Am Abend des Ostertages hatten die Jünger aus Furcht die Türen fest verschlossen. Da trat plötzlich Jesus in ihre Mitte, ohne dass sie wussten, wie dies geschehen war. Er sagte zu ihnen: Friede sei mit euch! Nach diesen Worten zeigte er ihnen seine Hände mit den Wundmalen und seine Seite. Die

Jünger erkannten Jesus und freuten sich sehr. Jesus sagte noch einmal zu ihnen: Friede sei mit euch. Ihr sollt keine Angst mehr haben. Denn ich sende euch, damit ihr die frohe Botschaft Gottes zu den Menschen bringt. Mein Heiliger Geist soll mit euch sein. Nach diesen Worten verschwand Jesus.

Erzähler/in: Die Jünger sind voller Freude und Erstaunen. Jesus, ihr Freund, lebt. Er hat ihr verschlossenes Herz geöffnet. Nur einer weiß noch nichts von der frohen Kunde: Thomas. Als er zu den Jüngern kommt, ist Jesus nicht mehr da. Hören wir, was die anderen ihm erzählen.

Thomas tritt wieder zu den anderen Jüngern dazu.

Andreas: Da bist du ja, Thomas! Stell dir vor, Jesus ist uns erschienen. Er war bei uns, und er lebt!

Thomas: Ach, was redest du da! Das kann gar nicht sein! Haben dich etwa die Frauen angesteckt mit ihrem Geschwätz?

Simon Petrus: Andreas hat recht! Als du gerade gegangen warst, war Jesus plötzlich in unserer Mitte. Er hat uns den Frieden gewünscht. Von ihm ging eine ungeheure Kraft aus. Ich habe gespürt, dass er den Tod besiegt hat. Es war wie früher, und doch auch ganz anders. Ich kann es gar nicht richtig beschreiben.

Thomas: Und wo ist er jetzt, euer lebendiger Jesus? Ist er wieder verschwunden? Oder kann ich ihn sehen?

Jakobus: Nein. Plötzlich war er wieder weg. Aber er hat uns viel Kraft gegeben. Wenn sein Geist bei uns ist, dann habe ich keine Angst mehr.

Philippus: So geht es mir auch. Meine Traurigkeit ist weg. Wir können zu den anderen Menschen gehen und ihnen sagen: Jesus lebt. Ich freue mich so sehr. Gott hat Jesus vom Tod erweckt.

Thomas: Was ihr da alles redet! Ich glaube euch erst, wenn Jesus auch zu mir kommt und mir seine Hände und seine Seite zeigt und ich seine Wunden berühren darf. Vorher glaube ich nichts.

Erzähler/in: Thomas kann nicht glauben, dass Jesus vom Tod erstanden ist. Vielleicht können wir ihn ja verstehen. Auch wir tun uns manchmal mit Ostern schwer. Doch Jesus möchte, dass auch Thomas glauben kann. Deshalb kommt er auch zu ihm. Darüber erzählt uns die Bibel Folgendes:

Lektor/in: Aus dem Evangelium nach Johannes:

Acht Tage später waren die Jünger wieder versammelt, und Thomas war dabei. Die Türen waren verschlossen. Da kam Jesus, trat in ihre Mitte und sagte: Friede sei mit euch! Dann sagte er zu Thomas: Streck deinen Finger aus – hier sind meine Hände! Streck deine Hand aus und lege sie in meine Seite. Sei nicht weiter ungläubig, sondern glaube mir, dass ich lebe! Da war Thomas beschämt, und er sagte zu Jesus: Jetzt glaube ich dir. Du bist Jesus, mein Herr und mein Gott!

Claudia Schmidt

17. Der Auferstandene am See Genesaret

Art des Rollenspiels:	Altersstufe:
Spielszene mit verteilten Rollen	Jüngere Kinder
Mitspielende Personen: 5	**Requisiten:**
Petrus	Angedeutetes Boot (z. B. umgedrehter Tisch)
Thomas	Netz
Natanael	Angedeutetes Feuer
Johannes	Brot
Jesus	
Mögliche Themen:	**Bibelstelle:**
Auferstehung	Joh 21,1–14: Die Erscheinung des Auferstande-
Glaube	nen am See Genesaret

Petrus: Ich gehe fischen. Mir reicht das Herumsitzen und Warten. Irgendetwas muss man ja tun.

Thomas: Glaubst du, wir können noch fischen? Seit Jesus tot ist, haben wir es nicht mehr versucht.

Petrus: Natürlich können wir das noch. Und gerade jetzt, da Jesus nicht mehr bei uns ist, müssen wir wieder damit anfangen. Wir müssen schließlich Geld verdienen, um unsere Familien zu versorgen.

Thomas: Du hast recht, ich komme mit.

Natanael: Nehmt ihr mich auch mit?

Johannes: Und mich auch?

Petrus: Ja klar, kommt!

Die Jünger gehen zu dem Boot, steigen ein und tun so, als ob sie rudern.

Petrus: Lasst uns hier das Netz auswerfen!

Die Jünger werfen das Netz aus dem Boot und ziehen es nach einer Weile wieder herein.

Thomas: Da ist ja gar nichts drin!

Natanael: Kein Fisch ist uns ins Netz gegangen. Was sagen wir nur unseren Familien, wenn wir zurückkommen?

Jesus kommt in einiger Entfernung dazu und schaut zu den Jüngern.

Johannes:	Schau mal, da ist ein Fremder! Was der hier wohl macht?
Petrus:	Keine Ahnung. *(Mit lauter Stimme)* Hallo! Wer bist du?
Jesus:	Hallo! Habt ihr etwas zu essen für mich?
Thomas:	Nein, wir haben selbst nichts. Kein einziger Fisch ist uns ins Netz gegangen.
Jesus:	Werft das Netz auf der anderen Seite aus. Dann werdet ihr etwas fangen.
Natanael:	Woher will der das denn wissen? Sieht der aus wie ein Fischer?
Petrus:	Versuchen können wir es ja. Auf geht's!

Die Jünger werfen das Netz auf der anderen Seite des Bootes aus. Nach einer Weile ziehen sie daran und tun so, als ob es so schwer wäre, dass sie es nicht einholen können.

Thomas:	Seht mal, das ist ja nicht zu fassen! So viele Fische!
Natanael:	Das Netz wird reißen, das bekommen wir gar nicht ins Boot.
Johannes:	Petrus, schau doch mal! Ist das nicht Jesus, der da am Ufer steht? Ich glaube, nur er weiß, wo wir das Netz auswerfen müssen, damit es voll wird.
Petrus:	Du hast recht. Ich fasse es nicht: Jesus lebt wirklich!

Petrus springt aus dem Boot, geht auf Jesus zu. Die anderen Jünger folgen ihm und ziehen das Netz hinter sich her. Sie setzen sich zu Jesus.

Thomas:	So viele Fische haben wir noch nie gefangen.
Jesus:	Kommt, setzt euch. Ich habe ein Feuer angemacht. Hier ist Fisch und Brot für uns alle. Esst, so viel ihr wollt.

Jesus teilt das Brot an die Jünger aus. Natanael flüstert zu Johannes:

Natanael:	Glaubst du wirklich, dass das der Herr ist?
Johannes:	*(flüsternd)* Ja, ich spüre es und weiß genau: Das ist Jesus. Er lebt.

Claudia Schmidt

Entlang des Kirchenjahres

18. Ostern

Art des Rollenspiels:	Altersstufe:
Spielszene mit verteilten Rollen	Jugendliche
Mitspielende Personen: 6	**Requisiten:**
Petrus	keine
Johannes	
Matthäus	
Andreas	
Jakobus	
Maria Magdalena	
Mögliche Themen:	**Passende Bibelstelle:**
Ostern	Joh 20,1–18: Die Entdeckung des leeren Grabes
Auferstehung	durch Petrus und Johannes und die Erschei-
Glaube	nung des Auferstandenen vor Maria Magdalena

Petrus: Ich bin noch ganz außer Atem!

Johannes: Ich auch. Und mein Kopf tut weh. Es ist so viel, was in den letzten Tagen passiert ist.

Petrus: Ja, das stimmt. Und das gerade eben – irgendwie begreife ich gar nichts mehr.

Jakobus: Was ist denn mit euch los? Ihr seid ja völlig fertig!

Petrus: Uns ist etwas Komisches passiert. Maria Magdalena war vorhin bei uns. Sie hat uns gesagt, dass der Stein vor dem Grab Jesu weggerollt ist. Da sind wir schnell zum Grab gelaufen.

Matthäus: Ja und dann? Macht's doch nicht so spannend!

Johannes: Das Grab – es war leer.

Andreas: Wie – leer?

Petrus: Es war leer, du hast richtig gehört. Jesus ist weg. Nur noch die Leinenbinden und sein Schweißtuch sind da.

Jakobus: Ich glaub' es nicht. Auch das noch! Man hat seinen Leichnam gestohlen. Als ob sein Tod nicht schon schlimm genug wäre.

Johannes:	Ich weiß nicht, ob man seinen Leichnam gestohlen hat.
Andreas:	Was willst du damit sagen? Hat ihn jemand versteckt?
Johannes:	Nein. Aber – ich weiß auch nicht, wie ich es sagen soll.
Matthäus:	Jetzt sag' schon!
Johannes:	Ich glaube, Jesus lebt.
Jakobus:	Spinnst du? Jesus lebt??? Du hast doch mit eigenen Augen gesehen, dass er gestorben ist und dass sein Leichnam in dieses Grab gelegt wurde. Wie soll er noch leben?
Johannes:	Ich kann es euch nicht erklären. Ich sah die Leinenbinden und das leere Grab. Und mir war, als ob Jesus neben mir stünde und zu mir sagte: Hab' Mut, Johannes. Ich lebe. Ich bin von den Toten auferstanden.
Matthäus:	Petrus, sag doch du auch mal was. Der Träumer da macht uns ganz verrückt. Das kann doch nie und nimmer sein. Ein Toter steht nicht einfach so auf. Da geht die Phantasie mit Johannes mal wieder durch. Er ist noch ganz benommen vom Tod seines Freundes.
Petrus:	Es fällt mir schwer, etwas dazu zu sagen. Ich weiß nicht, wo mir der Kopf steht.
Jakobus:	Willst du etwa auch sagen, dass du an eine Auferstehung von den Toten glaubst? Du bist doch immer der Vernünftigste von uns allen gewesen!
Petrus:	Ja, schon. Und ich glaube nicht einfach so an Überirdisches. Aber vorhin – es war seltsam. Ich ging in das Grab, und ich fühlte nichts. Mein Kopf schwirrte. Ich hatte keine Ahnung, was da passiert sein könnte. Aber als Johannes dann ins Grab ging und wieder herauskam, da brauchte er nichts zu sagen. Ich spürte, dass er eine wunderbare Erfahrung gemacht hat. Und ich fühlte, dass ich auch daran glauben möchte, dass Jesus lebt.
Andreas:	Schaut mal! Da kommt Maria Magdalena! Sie strahlt so. Vorhin war sie in Tränen aufgelöst. Was ist da passiert?
Matthäus:	Was ist los, Maria? Du bist so verändert!

Maria:	Ich habe den Herrn gesehen.
Andreas:	Jetzt fängt die auch noch an ... Weiber!
Matthäus:	Wie, gesehen? Warst du nochmals beim Grab? Ist der Leichnam wieder drin?
Maria:	Nein. Den Leichnam habe ich nicht gesehen. Aber wie ich so dastand, kam ein Mann daher. Ich dachte, es ist der Gärtner. Und dann sprach mich der Mann an. Dieses eine Wort genügte, nur mein Name, »Maria«, und ich wusste es, tief in meinem Inneren wusste ich, es ist der Herr. Er lebt. Und dann sprach er mit mir. Er schickt mich zu euch. Ich soll euch von ihm sagen, dass er jetzt zum Vater geht, zu seinem Gott und zu unserem Gott im Himmel.
Jakobus:	Jetzt weiß ich gar nichts mehr. Was ihr drei da erzählt, kann ich gar nicht glauben. Jesus soll leben? Tot ist doch tot!
Maria:	Du musst es selbst erleben. Keiner kann beschreiben, wie es ist, ihm zu begegnen. Nach seinem schrecklichen Tod, nach all seiner Qual steht er vor dir, voller Würde und Güte. Und da weißt du, er ist es. Sicherlich: Es ist nicht mehr so wie früher. Er hat eine ganz andere Gestalt. Aber das Gefühl seiner Nähe ist gleich geblieben. Man kann sich ihm nicht entziehen.
Andreas:	Was sollen wir denn jetzt tun? Die Leute halten uns doch für verrückt, wenn wir sagen, Jesus lebt.
Petrus:	Wir wollen uns erstmal beruhigen. Und wir wollen beisammen bleiben. Was auch geschieht: unsere Gemeinschaft ist der einzige Halt, den wir haben. Wenn Jesus wirklich lebt, wenn er sich Maria gezeigt hat, dann wird er auch zu uns kommen. Darauf müssen wir jetzt warten.
Johannes:	Petrus hat recht. Wir sollten zusammenbleiben. Wir können miteinander beten, damit wir all das besser verstehen, was geschehen ist. Und wir sollten die Türen verschließen. Die Juden suchen uns und wollen auch uns töten. Verriegeln wir die Türen, damit sie uns nicht finden. Und beten wir zu Jesus, dass er in unsere Mitte kommt.

Claudia Schmidt

Pfingsten

19. Angesteckt von Gottes Heiligem Geist

Art des Rollenspiels:	Altersstufe:
Spielszene mit verteilten Rollen	Ältere Kinder / Jugendliche
Mitspielende Personen: 3 Sprecher/in Person 1 Person 2	**Requisiten:** keine
Mögliche Themen: Pfingsten Heiliger Geist Begeisterung	**Passende Bibelstelle:** Apg 2,1–13: Die Pfingsterzählung

Sprecher/in: Ich möchte euch nun einen Text aus dem Matthäus-Evangelium vorlesen; vielleicht kennt ihr ihn ja?
»Die elf Jünger gingen nach Galiläa auf den Berg, den Jesus ihnen genannt hatte. Und als sie Jesus sahen, fielen sie vor ihm nieder. Einige aber hatten Zweifel. Da trat Jesus auf sie zu und sagte zu ihnen: ›Mir ist alle Macht gegeben im Himmel und auf Erden. Darum geht zu allen Völkern und macht alle Menschen zu meinen Jüngern; tauft sie auf den Namen des Vaters und des Sohnes und des Heiligen Geistes und lehrt sie, alles zu befolgen, was ich euch geboten habe. Seid gewiss: Ich bin bei euch alle Tage bis zum Ende der Welt.« (Matthäus 28,16–20)

Person 1: Den Text kenne ich. Es ist die Abschiedsrede Jesu von seinen Jüngern. Danach ist er in den Himmel aufgefahren.

Person 2: Wie, in den Himmel aufgefahren?

Person 1: Ja, das war seine letzte Begegnung mit seinen Freunden. Dann hat Jesus gesagt: »Ich gehe jetzt zurück zu meinem Vater. Aber ich lasse euch nicht allein. Ich werde euch einen Helfer senden. Er macht euch stark und mutig. Dann werdet ihr allen Menschen auf der ganzen Welt die frohe Botschaft von Gottes Reich verkünden.« Nachdem er das gesagt hatte, war es den Jüngern, als würde Jesus von

| Person 2: | ihnen weg in den Himmel gehoben. Sie konnten ihn nicht mehr sehen, weil eine Wolke ihn verbarg. |

Person 2: Und was war dann?

Person 1: Gar nichts! Schluss, Ende – aus!

Person 2: Wie, gar nichts? Schluss, Ende – aus?! Ich denke, die Jünger sollten aufbrechen und der ganzen Welt von Jesus erzählen? Und Jesus wollte ihnen doch auch einen Helfer schicken?

Person 1: Wollte er ja auch! Ich meine, hat er ja auch!

Person 2: Versteh' ich nicht. Was haben sie denn getan, als Jesus nicht mehr da war?

Person 1: Hmm, ja, also ... ich glaube, sie sind zurückgegangen in ihr altes Leben, zu ihren Familien, zu ihren Berufen – Fische fangen und so.

Person 2: Das ist ja merkwürdig! Seltsame Typen. Drei Jahre Freundschaft – und das soll es dann gewesen sein?

Person 1: Na ja, ab und zu haben sie sich auch noch getroffen.

Person 2: Und was haben sie da gemacht?

Person 1: Ja ... ich denke, sie haben gebetet, sicher haben sie sich auch immer wieder erzählt, was sie mit Jesus erlebt haben: wie er den blinden Bartimäus heilte, wie er mit denen Mahl gehalten hat, mit denen sonst niemand zu tun haben wollte ...

Person 2: Und sonst nichts?

Person 1: Doch! Eucharistie haben sie auch miteinander gefeiert.

Person 2: Na, toll! Aber sag mal: Wie hat sich dann das Christentum ausgebreitet? Ich meine, wenn die nichts unternommen haben, müsste die Sache Jesu doch tot sein?

Person 1: Jesus hat die Sache noch einmal selbst in die Hand genommen. Durch den Heiligen Geist. Gottes Heiliger Geist, das ist so eine Art Helfer – dadurch hat er Feuer in die Mann-

	schaft gebracht. Da wurden die Jünger flott und taten, was Jesus ihnen aufgetragen hatte.
Person 2:	Wie hat er das denn geschafft?
Person 1:	Das Pfingstfest war gekommen. Die Apostel und die Freunde Jesu waren alle an einem Ort in Jerusalem versammelt. Sie hatten die Türen verschlossen.
Person 2:	Warum hatten sie die Türen verschlossen?
Person 1:	Sie hatten Angst vor den Juden. Sie dachten: Vielleicht töten sie auch uns, wie sie Jesus am Kreuz getötet haben.
Person 2:	Und was passierte dann?
Person 1:	Lukas beschreibt in der Apostelgeschichte ganz genau, was geschah: »*Da erhob sich plötzlich vom Himmel her ein gewaltiges Brausen, wie von einem Sturm, und erfüllte das ganze Haus, in dem die Jünger waren. Es erschienen Zungen, wie von Feuer, die sich auf jeden Einzelnen von ihnen herabsenkten.*«
Person 2:	War das ein richtiger Sturm? Waren das richtige Feuerzungen?
Person 1:	Nein, es waren die Zeichen des Heiligen Geistes. Wie ein heftiger Wind, ein gewaltiger Sturm kam Gottes Geist über die Jünger, sie waren buchstäblich begeistert!
Person 2:	Und die Menschen in Jerusalem, haben die das auch gespürt? Was haben die denn gedacht?
Person 1:	Ja, natürlich haben die Menschen das gemerkt! Die Jünger gingen hinaus und erzählten laut von Gottes großen Taten. Das ging wie ein Lauffeuer durch die Stadt. Die Apostel waren Feuer und Flamme, in ihrer Begeisterung sprachen sie alle durcheinander. Es war wie ein Brausen von vielen Stimmen. Und was meinst du – die Menschen konnten einander trotzdem verstehen.
Person 2:	Alle?
Person 1:	Ja, alle! Einige kamen aus Ägypten, andere aus Libyen. Wieder andere waren Römer oder Araber – Menschen,

die nie die Sprache der Jünger gelernt hatten. Aber alle ließen sich von der Begeisterung der Apostel anstecken!

Person 2: Das begreife ich nicht! Wie ist das denn möglich?

Person 1: Ja, das konnten die Menschen damals auch nicht verstehen. Einige meinten, die Jünger seien nicht mehr ganz nüchtern, weil sie sich so eigenartig benahmen. Verwundert sagten sie sich: Diese Leute sprechen doch sonst eine ganz andere Sprache – wie kommt es nur, dass wir jetzt so gut verstehen, was sie von Gott erzählen? Aber Petrus hat es ihnen erklärt. Er sagte: »Hört, ihr alle! Wir sind nicht betrunken! Nein, Gottes Heiliger Geist ist ausgegossen über uns, und auch euch wird dieser Heilige Geist geschenkt, wenn ihr an Jesus glaubt. Ihr alle kennt Jesus, er wurde getötet. Aber er lebt. Er ist von den Toten auferstanden. Gottes Geist schenkt uns Mut und Kraft und Freude für unser Leben!«

Person 2: Und was taten die Leute, als Petrus das sagte?

Person 1: Viele waren ganz mitgerissen, wie ein Funke ist es übergesprungen. Die Menschen gingen plötzlich aufeinander zu, kamen miteinander ins Gespräch und spürten Gottes Geist in ihren Herzen. Und viele ließen sich taufen, 3000 an einem Tag.

*Petra Focke, aus: Dies., Jesus mitten unter uns.
Mit Kindern und Jugendlichen die Fasten- und Osterzeit gestalten.
© Verlag Herder GmbH, Freiburg im Breisgau 2006.*

20. Was es mit dem Heiligen Geist so auf sich hat ...

Art des Rollenspiels:	Altersstufe:
Spielszene mit verteilten Rollen	Jugendliche / junge Erwachsene
Mitspielende Personen: 2	Requisiten:
A und B	keine
Mögliche Themen:	Passende Bibelstelle:
Heiliger Geist Firmung Pfingsten	Apg 2,1–13: Die Pfingsterzählung

A: Im Namen des Vaters und des Sohnes und des Heiligen Geistes. Amen.

B: Habe ich gerade richtig gehört: Du redest mit Geistern?

A: Quatsch! Das waren gerade nur die Worte, die wir sagen, wenn wir das Kreuzzeichen machen. Im Namen des Vaters und des Sohnes und des Heiligen Geistes.

B: Jetzt hast du es ja schon wieder gesagt: Du betest zu einem Geist?

A: Ich rufe den Heiligen Geist an. Der ist kein Gespenst oder so was!

B: Was ist er denn dann? Ein Geist, der heilig ist ... komische Sache. Ich dachte immer, Geister sind was für Spinner.

A: Ja, Geister schon. Aber der Heilige Geist ist der Geist, der von Gott kommt.

B: Was heißt, er kommt von Gott?

A: Der Heilige Geist ist nicht irgendjemand, es ist eine Form, mit Gott in Verbindung zu sein. Gott schenkt uns sozusagen seinen Geist, damit wir aus ihm heraus leben können.

B: Versteh' ich nicht. Gott kann uns doch nicht seinen Geist, also seine Seele schenken. Dann ist er doch tot.

A: Nein, du kapierst das nicht.

B: Dann erklär' es doch besser!

A: Das ist gar nicht so einfach. Aber ich versuch's nochmals. Also:

Der Heilige Geist ist der Geist, den Gott uns geschenkt hat, damit wir nach dem Tod Jesu als Christen gut leben können. In diesem Geist ist Jesus uns immer noch nahe, auch wenn er nicht mehr auf Erden weilt.

B: Aha ... Aber noch 'ne Frage: Du glaubst doch, Jesus ist auferstanden. Also lebt er. Und wenn er lebt, dann könnte er doch noch hier bei uns sein, oder? Und dann müsste er nicht seinen Geist oder so was schicken ...

A: Es ist ein bisschen kompliziert ...

B: Scheint mir auch so!

A: Jesus kam ja damals nach seinem Tod nochmals zurück und zeigte sich als Auferstandener seinen Jüngern. Er war wieder am Leben, aber anders als zuvor. Die Erzählungen der Bibel, die wir haben, sagen immer wieder dasselbe: Jesus war da, und doch erkannten ihn die Jünger zuerst nicht. Er war nahe, aber anders als sie ihn gekannt hatten. Ihnen mussten erst im tiefen Sinne die Augen aufgehen, damit sie wussten, er ist es und er lebt.

B: Und dann?

A: Dann irgendwann kam Jesus nicht mehr zu ihnen. Stattdessen schickte er ihnen den Heiligen Geist. Er wollte, dass sie in seinem Sinne weiterleben können und dafür gut gerüstet sind.

B: Dann ist der Geist also einer, der uns immer wieder an Jesus erinnern soll?

A: Sicherlich. Und es ist ein Geist, der uns wirklich erfüllen soll. Wir sagen ja auch: Da geht ein guter Geist von jemandem aus. Wer sich dem Heiligen Geist öffnet, der lässt sich vom guten Geist Jesu leiten bei allem, was er tut.

B: Und wie haben die Jünger damals diesen Geist bekommen? Steht das auch in der Bibel?

A: Ja, das wird in der Apostelgeschichte erzählt. Die Jünger waren alle zusammen und haben gewartet und gebetet. Sie wussten eben auch nicht so recht, wie das Leben jetzt ohne Jesus weitergehen sollte. Mit ihren ratlosen Gedanken schlossen sie sich gemeinsam in einem Raum ein. Und dann plötzlich hat sie's gepackt. Sie haben mit einem Mal begriffen, dass sie die Türen weit öffnen und die Botschaft Jesu allen Menschen weitererzählen müssen. Sie waren im wahrsten Sinne des Wortes be-geistert, waren Feuer und Flamme. Und so haben sie das Vermächtnis Jesu weiter getragen. Das war ihre Mission. Ohne diesen Heiligen Geist, der so plötzlich über die Jünger kam, gäbe es heute keine Kirche.

B: Und was richtet der Heilige Geist heute so alles an?

A: Er hilft uns zu leben. Wenn wir diesen Geist Jesu in unser Inneres lassen, dann können wir uns orientieren. Er kann uns helfen zu unterscheiden, was richtig und was falsch ist. Er verleiht uns innere Stärke und Ruhe, aber auch Tatkraft und Begeisterung, uns für andere einzusetzen. Der Heilige Geist möchte uns bewegen, dass auch wir im Sinne Jesu leben und für andere da sind.

B: Kann man diesen Geist auch in sich tragen, wenn man nicht so oft in die Kirche geht?

A: Na klar! Es gibt eigentlich viele Orte, an denen dieser Geist wirkt. Nicht nur in der Kirche kommt er vor, sondern auch in der Schule, an den Arbeitsstätten, einfach überall dort, wo Menschen gut miteinander umgehen. Aber manchmal ist es wichtig, diesen Geist wieder aufzutanken, und da kann uns die Kirche dabei helfen.

B: Ich glaub', jetzt hab' ich etwas kapiert vom Heiligen Geist. Danke, dass du dir so viel Zeit mit dem Erklären genommen hast. Ab heute weiß ich besser, was ihr meint, wenn ihr euer Kreuzzeichen macht.

Claudia Schmidt

St. Martin

21. Der heilige Martin

Art des Rollenspiels:	Altersstufe:
Spielszene mit verteilten Rollen	Die Spielszene kann von älteren Kindern oder Erwachsenen gespielt werden. Sie ist zum Hören für jüngere Kinder gedacht.
Mitspielende Personen: 2 A und B	Requisiten: Schwert Mantel, teilbar Attrappe einer Gans Bischofsstab Laib Brot
Mögliche Themen: Heilige Kirche Nächstenliebe	

A: Schau mal, die ganzen Kinder!

B: *(eher unbehaglich:)* Puh, das sind wirklich ganz schön viele!

A: Und ich hab' vorher schon gesehen, dass ganz viele eine Laterne dabei haben.

B: Mhm.

A: Was ist denn mit dir? Du klingst ja nicht gerade begeistert?

B: Na ja, ich meine, denen sollen wir jetzt die Geschichte vom heiligen Martin erzählen. Wahrscheinlich kennen die die eh schon.

A: Na und, ist doch eine spannende Geschichte!

B: Na ja.

A: Schau mal, was ich da habe!

A holt ein Schwert hervor.

B: Huch, du kannst einen ja ganz schön erschrecken! Was hat das denn mit Martin zu tun? Der war doch so ein frommer Heiliger.

A: Weißt du, was der von Beruf war? Soldat! Das wollten seine Eltern so. Er selbst fand tatsächlich, dass das Kämpfen nicht gut zu einem passt, der an Jesus glaubt.

B: *(lacht)* Stimmt. Er hat sich ja dann auch was Besseres einfallen lassen, was man mit seinem Schwert machen kann. Erinnerst du dich?

A: Klar, das war das mit dem Bettler.

B holt den Mantel hervor.

B: Er hat seinen Soldatenmantel genommen und ihn einfach mittendurch geschnitten.

Beide trennen den Mantel.

A: Da werden seine Kameraden ihn schön ausgelacht haben, als er mit so einem Fetzen heimkam!

B: Ja, und er selbst hat bestimmt in dieser Nacht genauso gefroren wie vorher der Bettler. Der Mantel war nämlich für die Soldaten gleichzeitig die Zudecke für die Nacht.

A: Mann-o-Mann, der war ganz schön mutig, dieser Martin!

B holt die Gans hervor.

A: Iiiiih, was soll <u>das</u> denn? Also eine Gans hat in der Kirche wirklich nichts verloren!

B: Denkste! Du hast gerade gesagt, der Martin sei ganz schön mutig gewesen.

A: Stimmt.

B: Das hier ist der lebendige Gegenbeweis!

A: Die Gans?

B: Ja, genau. Die Geschichte mit dem Mantel war nur die erste gute Tat des Martin. Sie machte ihn bekannt. Aber er gab ja dann seinen Job als Soldat auf und ging ins Kloster. Und als dann der Bischof dieser Gegend starb, da wollten die Leute, dass Martin der neue Bischof werden sollte.

A: Weil er ein so guter Mensch war.

A holt den Bischofsstab hervor.

B: Weil er ein so guter Mensch war, ja. Aber er war nicht nur gut, er war auch ein bisschen feige. Oder sagen wir lieber, er war sehr bescheiden. Er fand, dass er nicht gut genug war, um Bischof zu werden.

A legt den Bischofsstab wieder weg.

Als er hörte, dass er Bischof werden sollte, versteckte er sich in einem Stall.

A zeigt auf die Gans.

A: Im Gänsestall, nehme ich an?

B: Exakt! Und die Gänse, die waren so aufgeregt, weil der Martin da in ihrem Stall saß, dass sie ganz laut schnatterten.

A: Schlechtes Versteck! Natürlich fanden ihn die Leute.

B: Ja, und da konnte er nicht mehr anders. Er wurde Bischof.

B holt den Bischofsstab wieder hervor.

A: Eigentlich toll, dass so ein guter Mensch, der gar nicht so viel von sich selbst hält, Bischof wird! Guck mal, ich hab' noch was mitgebracht!

A holt einen Laib Brot hervor.

B: Ein Brot. Das hat aber nichts mit dem heiligen Martin zu tun?!

A: Ha, jetzt freu' ich mich aber. Jetzt kann ich sogar noch was erzählen, das für <u>dich</u> spannend ist! Eine Geschichte, die nicht so bekannt ist.

B: Schieß los!

A: Der Bischof Martin ging eines Tages so über die Felder und Wiesen. Ihm fiel auf, dass die Kühe auf den Wiesen richtig schön wohlgenährt und gesund aussahen. Aber die Bauern, die auf sie aufpassten oder auf den Feldern arbeiteten, die sahen ganz ausgehungert aus. Er fragte nach, und die Bauern erzählten ihm, dass die Kühe und Felder reichen Männern gehörten, für die die Bauern arbeiteten. Und die Bauern mussten so viel von ihrer Ernte abgeben, dass sie selbst nicht mehr genug zu essen hatten.

B: Konnte Martin ihnen helfen?

A: Ja, er ging zu den reichen Männern und sagte ihnen, dass er das nicht o.k. fand, dass das ungerecht sei und dass Jesus gar nicht zufrieden mit ihnen gewesen wäre.

B: Und das hat geholfen?

A: Klar! Schließlich war er jetzt Bischof! Und jeder kannte seine eigene Großzügigkeit. Die Reichen schämten sich.

B: Also mussten die Bauern jetzt nicht mehr so viel abgeben …

A: … und sie hatten genug Brot zum Essen.

Kurze Stille

A: Und, war's arg schlimm?

B: Was?

A: Na, den vielen Kindern hier die Geschichte von Martin zu erzählen?

B: Nö. Dieser Martin ist echt toll!

Cäcilia Branz

22. Die Mantelteilung

Art des Rollenspiels:	Altersstufe:
Spielszene mit verteilten Rollen	Jüngere Kinder / ältere Kinder

Mitspielende Personen: 3	Requisiten:
Erzähler/in	Lumpen
Martin	Teilbarer Mantel
Bettler	Schwert

Mögliche Themen:	
Heilige	
Teilen	
Nächstenliebe	

Erzähler/in: Der Heilige Martin wurde um das Jahr 316 nach Christus im heutigen Ungarn geboren. Sein Vater und seine Mutter waren nicht getauft, sie waren also Heiden. Martin wollte schon als Kind den christlichen Glauben annehmen. Seine Eltern aber waren dagegen. Mit fünfzehn Jahren musste er als Soldat zum Militärdienst. Er war bei seinen Kameraden sehr beliebt, da er freundlich und geduldig war. Er war sehr bescheiden. Er unterstützte Menschen, denen es schlecht ging. Er gab Hungrigen zu essen und sorgte dafür, dass die Menschen, die keine gute Kleidung hatten, Kleidung bekamen.

Martin wurde als junger Offizier in das unruhige Gallien, nach Amiens, versetzt. An einem bitterkalten Winterabend war Martin unterwegs. Es war so kalt, dass kaum jemand im Freien war. Martin freute sich schon auf die warme Herberge. Doch plötzlich rührte sich etwas am Straßenrand in der Nähe des Stadttors von Amiens.

Bettler: *(wimmert und jammert)* Oje, oje, ist mir kalt. Hilfe, Hilfe! Ich bin verloren!

Martin lauscht und schaut sich um.

Martin: Was ist los? Wer ruft da um Hilfe?

Bettler: Ich! Ich hier!

Martin hat ihn gefunden.

Martin:	Ja, was ist los? Was machst du hier draußen in der Kälte?
Bettler:	Hab' Erbarmen mit mir! Ich bin schon fast erfroren! Meine Beine und Hände sind schon ganz taub vor lauter Kälte. Ich glaub', ich muss sterben!
Martin:	Hast du denn nichts Warmes anzuziehen?
Bettler:	Das fragst du noch? Nein, nur diesen Lumpen hier.
Martin:	Ja, wo wohnst du denn? Geh' halt heim zu deiner Familie.
Bettler:	Ich habe leider kein Zuhause. Ich bin allein. Ich bin arm und krank. Wenn du mir nicht hilfst, muss ich sterben. Ich habe keine Kraft und keine Hoffnung mehr.

Martin überlegt einen Augenblick.

Martin:	Hm, was machen wir denn da … Was könnte ich dir denn geben? Ich habe im Moment nur meinen Soldatenmantel da. *(Pause)* Weißt du was, ich gebe dir jetzt einfach die Hälfte von meinem Mantel. Der ist groß genug und aus einem guten, warmen Wollstoff gewebt.

Martin teilt den Mantel und geht weg, ohne den Dank abzuwarten.

Bettler:	*(ruft ihm nach)* Tausend Dank. Gott möge es dir vergelten. Ich glaube, ich träume. Wie ist so etwas möglich? Das muss ein heiliger Mann sein.

Ulrike Arlt-Herberts

Bibelgeschichten

23. Abrahams Aufbruch I

Art des Rollenspiels:	Altersstufe:
Spielszene mit verteilten Rollen	Ältere Kinder
Mitspielende Personen: 2 Abraham Sara	**Requisiten:** keine
Mögliche Themen: Neuanfang Mut Wagnis	**Passende Bibelstelle:** Gen 12,1–3: Abrahams Berufung

Abraham: Sara, ich muss dir etwas Wichtiges sagen!

Sara: Muss das gerade jetzt sein? Ich koche nämlich.

Abraham: Doch, Sara, es ist wirklich wichtig. Ich habe gerade einen Entschluss gefasst.

Sara: Was für einen Entschluss denn?

Abraham: Wir werden von hier fortgehen. Wir werden aufbrechen und unsere Familie verlassen.

Sara: Warum das denn um Himmels Willen? Das wird nie und nimmer gut gehen. Ohne unsere Sippe sind wir verloren.

Abraham: Aber Gott hat mir den Auftrag gegeben fortzuziehen. Er wird mit uns sein.

Sara: Was heißt da, Gott hat dir den Auftrag gegeben? Wie willst du denn sicher wissen, was Gottes Auftrag für uns ist?

Abraham: Er hat es mir gesagt. Und er hat mir Großes verheißen. Wir werden ein Land bekommen dort, wo wir hingehen. Und unsere Nachkommen werden zahlreich wie die Sterne sein.

Sara: Abraham! Du weißt genau, dass wir schon lange keine

Kinder bekommen. Wie sollen da unsere Nachkommen zahlreich wie die Sterne sein? Und ein Land? Überall, wo wir bisher hingekommen sind, waren schon andere Menschen, denen das Land gehörte.

Abraham:	Ich weiß, Sara. Aber wir sollten Gott vertrauen. Er wird uns segnen. Das hat er versprochen.
Sara:	Hast du denn keine Angst, Abraham, dass du dich irrst? Dass du Gott einfach falsch verstanden hast?
Abraham:	Nein, Sara. In mir gibt es eine ganz große Gewissheit, dass Gottes Auftrag gut ist. Natürlich habe ich auch Angst, ob wir den weiten Weg schaffen werden. Aber wenn ich Gott ganz vertraue, dann schwindet diese Angst in mir.
Sara:	Weißt du denn wenigstens, wohin wir ziehen sollen?
Abraham:	Nein, Sara. Das wird sich ergeben. Gott wird uns den Weg weisen.
Sara:	Ich finde den Plan verrückt, Abraham. Einfach losziehen, weil Gott etwas zu dir gesagt haben soll. Aber ich kann nichts tun. Ich werde wohl mit dir gehen müssen.
Abraham:	Ja, Sara. Es ist gut, dass du mitkommst. Glaube mir, vor allem aber glaube Gott. Er wird immer bei uns sein. Packe nun alles zusammen, was wir mitnehmen können. Ich sage solange unserer Familie Bescheid. Morgen ziehen wir los.

Claudia Schmidt

24. Abrahams Aufbruch II

Art des Rollenspiels:	Altersstufe:
Spielszene mit verteilten Rollen	Ältere Kinder/Jugendliche
Mitspielende Personen: 2 Abraham Sara	**Requisiten:** keine
Mögliche Themen: Neuanfang Mut Wagnis	**Passende Bibelstelle:** Gen 12,1–3: Abrahams Berufung

Abraham: Sara, ich muss dir etwas Wichtiges sagen!

Sara: Muss das gerade jetzt sein? Ich spüle nämlich. Unsere Geschirrspülmaschine ist doch kaputt.

Abraham: Doch, Sara, es ist wirklich wichtig. Ich habe gerade einen Entschluss gefasst.

Sara: Was für einen Entschluss denn?

Abraham: Sara, halte dich fest! Wir werden von hier auswandern. Ich muss nur noch unser Haus verkaufen, dann können wir alles einpacken und losziehen.

Sara: Was um Himmels Willen ist in dich gefahren? Unser schönes Haus! Warum sollen wir es denn verkaufen? Und wohin sollen wir gehen? Hier haben wir doch alles, was wir brauchen: unsere Familie am Ort, unsere Freunde, unsere Arbeitsstellen, einfach alles.

Abraham: Sara, das stimmt schon. Aber Gott hat mir den Auftrag gegeben, dass ich noch einmal aufbrechen muss. Die Familie und der Beruf, das Haus und die Freunde, das ist eben nicht alles.

Sara: Was heißt hier, Gott hat dir einen Auftrag gegeben? Hast du ihn etwa am Telefon gesprochen? Oder hat er dir eine SMS geschickt?

Abraham: Bleibe bitte ernst, Sara. Ich habe wirklich Gottes Stimme in mir gehört. Sein Auftrag war eindeutig. Wir sollen fort von

	hier. Aber Gott hat uns Großartiges versprochen. Wir werden ein viel schöneres Haus dort haben, wo wir hingehen. Und wir werden viele Kinder haben, die uns erfreuen.
Sara:	Abraham, du spinnst. Wir können keine Kinder bekommen, das weißt du genau. Der Arzt hat das zweifelsfrei geklärt. Und wo sollen wir denn ein tolles Haus herbekommen? Die Schulden unseres jetzigen Hauses sind noch nicht abbezahlt. Außerdem: Wovon sollen wir leben? Du kannst doch nicht deine Arbeitsstelle und alle Sicherheiten einfach so aufgeben?
Abraham:	Ich muss es tun, Sara. Ich weiß, das klingt verrückt. Aber wenn Gott mich ruft, dann kann ich mich doch nicht einfach verschließen! Ich würde mein Leben lang denken, dass ich die Chance meines Lebens verpasst habe.
Sara:	Hast du denn keine Angst, Abraham?
Abraham:	Natürlich habe ich Angst. Aber dann ist da immer wieder ein ganz großes Vertrauen in mir. Gott wird alles gut machen, das spüre ich.
Sara:	Und wohin sollen wir denn gehen, hat Gott das gesagt?
Abraham:	Nein, das hat er nicht. Er wird es uns wissen lassen. Vertraue einfach, Sara. Ich bitte dich, lass mich nicht alleine fortgehen, sondern komm mit!
Sara:	Wie sollte ich auch hier bleiben, wenn du gehst? Ich könnte dich nie im Stich lassen. Aber all das fällt mir so schwer zu glauben. Irgendwie verstehe ich nicht, wie das alles gehen soll.
Abraham:	Ich freue mich, Sara, dass du mitkommst. Du wirst es bestimmt nicht bereuen. Alles wird gut gehen, das verspreche ich dir! Gehe nun und packe ein paar Sachen ins Auto. Ich versuche, heute noch möglichst viel zu regeln. Vielleicht können wir dann bald abfahren. Eine ungewisse Zukunft wartet auf uns. Aber Gottes Segen wird mit uns sein.

Claudia Schmidt

Bibelgeschichten

25. Moses und Miriams Lied

Art des Rollenspiels:	Altersstufe:
Spielszene mit verteilten Rollen	Jugendliche / junge Erwachsene

Mitspielende Personen: 3	Requisiten:
Mose	Umhang oder andere einfache Verkleidung für
Miriam	Mose und Miriam
Lektor/in	Langer Stock (Mose)
	Handtrommel (Miriam)

Mögliche Themen:	Bibelstellen:
Frauen und Männer in der Bibel	Ex 15,1–5 und Ex 15,20–21: Das Lied des Mose
Exodus	und der Miriam
Bibelauslegung	

Hinweise:	
Am Anfang und in der Mitte der Spielszene wird eine Bibelstelle aus dem Buch Exodus vorgelesen. Dies geschieht z. B. durch einen Lektor / eine Lektorin. Am Ende wird gemeinsam das Lied »Lasst uns miteinander singen, loben, danken dem Herrn« gesungen, das sich in vielen gängigen Liederbüchern finden lässt.	

Während der Lesung sitzen Mose und Miriam stumm und unbeweglich mit dem Rücken zur Gemeinde im Altarraum. Mose hält seinen langen Stock in der Hand, Miriam die Handtrommel.

Lektor/in:	Lesung aus dem Buch Exodus (Ex 15, 1–5)
	Damals sang Mose mit den Israeliten dem Herrn dieses Lied; sie sagten: Ich singe dem Herrn ein Lied, denn er ist hoch und erhaben. Rosse und Wagen warf er ins Meer. Meine Stärke und mein Lied ist der Herr, er ist für mich zum Retter geworden. Er ist mein Gott, ihn will ich preisen; den Gott meines Vaters will ich rühmen. Der Herr ist ein Krieger, Jahwe ist sein Name. Pharaos Wagen und seine Streitmacht warf er ins Meer. Seine besten Kämpfer versanken im Schilfmeer. Fluten deckten sie zu, sie sanken in die Tiefe wie Steine.

Nach der Lesung dreht sich Mose zur Gemeinde.

| Mose: | Ja damals, das war ein Moment – was sage ich: damals, das war das entscheidende Ereignis in der Geschichte meines Volkes. Unser Gott hat uns aus der Knechtschaft in Ägypten befreit. Er hat die Ägypter, unsere Unterdrücker, vernichtet und uns gerettet. Zuerst waren wir stumm vor Staunen, aber dann brach es aus uns heraus: Jubel und Dank an den Herrn, der uns befreit hat. |

Miriam dreht sich ebenfalls zur Gemeinde.

| Miriam: | Entschuldige, Mose, wenn ich dich da ein wenig korrigieren darf. Du und die anderen Männer, ihr seid ziemlich lange stumm geblieben. Ihr konntet es noch gar nicht fassen, was da geschehen war. Wir Frauen waren es, die es zuerst begriffen haben. Das steht übrigens so auch in der Bibel: |

| Lektor/in: | Im Buch Exodus lesen wir: *Die Prophetin Mirjam, die Schwester Aarons, nahm die Pauke in die Hand, und alle Frauen zogen mit Paukenschlag und Tanz hinter ihr her. Mirjam sang ihnen vor: Singt dem Herrn ein Lied, denn er ist hoch und erhaben! Rosse und Wagen warf er ins Meer.* (Ex 15, 20–21) |

| Mose: | Liebe Miriam, ich will ja nicht kleinlich sein, aber wenn du genau hinsiehst, wirst du feststellen, dass dein Lobgesang mit den Frauen in der Bibel erst später, nämlich nach meinem berichtet wird. Also waren es wohl doch die Männer, die – wie immer – vorausgegangen sind. Aber ihr Frauen habt euch natürlich angeschlossen und das Ganze durch euren Tanz noch verschönert. |

| Miriam: | Mose, du bist unfair. Du weißt genau, dass mein Lied und das der Frauen das erste war. Und nur weil man beim Aufschreiben dieser Geschichte deutlich machen wollte, dass du der von Gott beauftragte Anführer unseres Volkes warst, hat man dein Lied vor meines gestellt. Aber die moderne Bibelwissenschaft hat längst bewiesen, dass mein Lied älter ist als deines. |

| Mose: | Ja, ja, das kann schon sein. Das ist ja alles schon so lange her, vielleicht habe ich das nicht mehr so genau in Erinne- |

Bibelgeschichten

rung, wer zuerst gesungen hat. Aber das ist doch typisch für dich, dass du da so viel Wert darauf legst, dass du die Erste warst. Also bitte, wenn du das brauchst:
Liebe Gemeinde, hiermit möchte ich, Mose, ganz offiziell feststellen: Miriam und die Frauen haben als Erste das Loblied auf Gottes große Taten gesungen. Meine Männer und ich waren erst später so weit. Nur so nebenbei bemerkt: wir mussten uns schließlich auch noch erholen, auf uns lag ja die Verantwortung für unser ganzes Volk.

Miriam: Und wir Frauen haben in der Zeit Däumchen gedreht oder was? Wer hat die Kinder ruhig gehalten und getröstet, damit sie beim Anblick der herannahenden Ägypter nicht vor Angst geschrieen haben? Wer hat die Alten und Gebrechlichen gestützt, damit sie mithalten konnten? Mose, ich will mich nicht mit dir streiten ...

Mose: Aber genau das tust du doch.

Miriam: Ich habe nur keine Lust, dass das, was wir Frauen getan haben, einfach in den Hintergrund gerückt wird. Ich will ja deine Leistung gar nicht kleinmachen. Dich hat Gott berufen, damals beim brennenden Dornbusch, unser Volk zu befreien. Du bist vor den Pharao getreten und hast ihn aufgefordert, uns ziehen zu lassen. Ohne dich wären wir nicht in das Land gekommen, das Gott unseren Vätern und Müttern versprochen hat. Aber das heißt doch nicht, dass du immer und überall der Erste warst. Andere haben auch ihren Teil beigetragen. Ich möchte, dass das nicht als zweitrangig abgetan wird; als schmückender Zusatz, den man eigentlich genauso gut weglassen kann.

Mose: Na und jetzt, willst du die Bibel umschreiben?

Miriam: Nein, das geht ja auch nicht. Aber ich finde, die Menschen, die die biblischen Erzählungen heute hören, sollten etwas davon wissen, wie die Bibel entstanden ist. Man muss die Bibel auch kritisch lesen, sonst geht Wichtiges verloren. Nicht nur für Frauen!

Mose: Also gut, und was machen wir jetzt?

| Miriam: | Jetzt singen wir nochmals zusammen – am besten alle, die hier sind, Frauen und Männer gemeinsam: ein Loblied auf Gottes große Taten. |

Nun wird gemeinsam das Lied »Lasst uns miteinander singen, loben, danken dem Herrn ...« gesungen.

Barbara Strifler

26. Maria im Haus des Zacharias

Art des Rollenspiels:	Altersstufe:
Spielszene mit verteilten Rollen	Ältere Kinder
Mitspielende Personen: 3	**Requisiten:**
Elisabet	Evt. Kleider/Umhänge für die Personen
Maria	
Zacharias	
Mögliche Themen:	**Passende Bibelstellen:**
Offenheit	Lk 1,26–38: Die Verheißung der Geburt Jesu
Begegnung	Lk 1,39–56: Der Besuch Marias bei Elisabet
Glaube	
Verheißung	

Elisabet: Maria, wie freue ich mich, dass du gekommen bist!

Maria: Ja, Elisabet, die Reise durch das Bergland war beschwerlich. Aber nun bin ich hier, und ich spüre, dass das gut so ist.

Zacharias: Wo hast du denn Josef gelassen? Wollte der nicht mitkommen?

Maria: Ich habe ihn gar nicht gefragt, ob er mitkommen will. Außerdem hat er viel zu arbeiten.

Elisabet: Sag mal, hast du ihm etwa noch gar nicht gesagt, dass du ein Kind erwartest?

Maria: Nein, bisher weiß es niemand außer euch. Aber ich glaube, Josef ahnt etwas. Er hat einen siebten Sinn. Er war einverstanden, dass ich Nazaret verlasse und euch besuchen gehe. Ich glaube, wir beide brauchen jetzt Zeit, um uns über alles klar zu werden.

Zacharias: Josef ist ein kluger Mann. Wenn er auf Gott hört, dann wird er seinen Weg mit dir finden.

Maria: Es tut so gut, bei euch zu sein. Auch ihr erwartet ein Kind. Erzählt mal, wie es dazu gekommen ist. Lange Zeit habt ihr ja gedacht, dass ihr keine Kinder mehr bekommen könnt.

Elisabet: Ja, das ist wahr. Doch immer und immer wieder habe ich

	zu Gott gebetet, dass er uns doch noch ein Kind schenken möge. Ich habe so gelitten unter der Schande, keine Kinder zu haben.
Zacharias:	Als ich eines Tages im Tempel Dienst tat, da überkam mich große Furcht. Ich spürte: Gott ist ganz nahe. Er will mir eine Botschaft zukommen lassen. Ich wusste plötzlich, dass wir einen Sohn haben werden und dass Gott Großes mit ihm vorhat. Es war überwältigend. Mich ergriff riesige Freude und große Angst zugleich. Und es verschlug mir die Sprache. Ich konnte nicht mehr reden. Kein menschliches Wort konnte meine Erfahrung ausdrücken.
Elisabet:	Seitdem haben wir sehr zurückgezogen gelebt. Unsere Familien und Freunde sind verwundert über alles, was geschehen ist. Aber das zählt nicht. In drei Monaten werde ich einen Sohn auf die Welt bringen. Er wird den Namen Johannes erhalten.
Maria:	Gott geht immer wieder wunderbare Wege mit den Menschen.
Zacharias:	Das ist wahr. Auch du hattest doch ein besonderes Erlebnis mit Gott. Erzähl' uns davon!
Maria:	Es ist so, wie du sagst, Zacharias. Man kann keine Worte finden, das Unaussprechliche auszudrücken. Gott ist mir begegnet. Er hat mir verheißen, dass ich ein Kind bekommen werde. Es wird Jesus heißen. Es wird nicht das Kind eines Mannes sein, sondern das Kind des Heiligen Geistes. Gott selbst hat dieses Kind in mich hineingelegt, ein heiliges Kind, in dem Gott unter den Menschen leben wird. Auch wenn das alles ganz unglaublich klingt.
Elisabet:	Ich glaube dir, Maria. Gott ist groß und wunderbar. Als du mich vorhin begrüßt hast, tat das Kind in meinem Leib einen Freudensprung. Ich weiß, dass die beiden schon jetzt eine Verbindung haben, unser Johannes und dein Jesus.
Zacharias:	Du hast dem Herrn und seiner Verheißung geglaubt. Du warst offen und bereit, dein Leben in seine Hand zu geben.

Gesegnet bist du. Keine Frau hat mehr Anteil an Gottes Gnade als du.

Maria: Mein Leben ist so anders, seit ich dieses Kind in mir trage. Ich spüre, dass mein Weg nicht leicht sein wird. Gott führt mich einen Weg, den noch kein Mensch vor mir gegangen ist. Aber trotzdem ist in mir eine große, stille Freude. Jeden Tag möchte ich jubeln und den Herrn preisen, weil er so Großes an mir getan hat.

Claudia Schmidt

27. Die Hochzeit zu Kana

Art des Rollenspiels:	Altersstufe:
Spielszene mit verteilten Rollen	Jüngere Kinder / ältere Kinder

Mitspielende Personen: 7	Requisiten:
Erzähler/in	Glas mit roter Flüssigkeit (z. B. Traubensaft)
Matthäus	
Simeon	
Tabea	
Debora	
Diener	
Maria	

Mögliche Themen:	Bibelstelle:
Fest	Joh 2,1–12: Die Hochzeit zu Kana
Wunder	
Fülle	
Wein	

Erzähler/in: Eines Tages wurde in Kana die Hochzeit von Simeon und Hanna gefeiert. Der Bräutigam saß zu später Stunde mit einigen seiner Gäste im Festsaal und unterhielt sich.

Matthäus: Was für ein schönes Fest! Ich freue mich so, dass du deine Hanna endlich geheiratet hast!

Simeon: Du hast recht. Es war höchste Zeit.

Tabea: Wirklich, was für ein Glück für dich und deine Familie!

Debora: Ich habe auch selten ein so wunderbares Fest erlebt! Das Essen war so lecker. Und auch der Wein schmeckt mir.

Erzähler/in: Plötzlich betrat ein Diener den Festsaal und eilte zu Simeon.

Der Diener winkt Simeon auf die Seite. Simeon geht zu ihm.

Simeon: Was ist los? Warum störst du meine Festfreude?

Diener: Mein Herr, es ist etwas Furchtbares geschehen. Der Wein geht aus! Wir wissen gar nicht mehr, was wir tun sollen!

Simeon:	Bei Gott, das kann doch nicht sein! Trinken die Gäste denn so viel?
Diener:	Ich fürchte, ja.
Simeon:	Wie peinlich ist es, wenn wir keinen Wein mehr haben. Geh und schau, ob du noch irgendwo Wein auftreiben kannst!
Erzähler/in:	Der Diener ging los. Unterwegs traf er auf Maria, die Mutter Jesu. Sie und ihr Sohn waren nämlich auch zum Fest eingeladen. Maria wusste von der Not des Dieners und sagte zu ihm:
Maria:	Geh zu Jesus. Er wird dir helfen.
Erzähler/in:	Der Diener verschwand. Kurz darauf kam er atemlos zu seinem Herrn zurückgerannt.
Diener:	Du wirst es nicht glauben. Ein Wunder ist geschehen! Wir haben wieder Wein, und zwar so viel, dass ihn die Gäste sicher nicht austrinken können.
Simeon:	Wie ist das passiert?
Diener:	Stell dir vor: Ich bin zu Jesus gegangen. Er ist auch Gast auf deinem Fest. Er sagte zu mir, dass ich die großen Wasserkrüge im Keller auffüllen soll bis zum Rand. Das habe ich getan. Doch als ich mit einem Schöpfgefäß Wasser herausholen wollte, war es zu Wein geworden.
Simeon:	Das ist doch nicht möglich!
Diener:	Doch! Versuche selbst, mein Herr!
Erzähler/in:	Der Diener gab Simeon ein Glas Wein zu trinken. Der nahm einen Schluck und war ganz erstaunt.
Simeon:	Was für ein guter Wein! Er ist besser als der, den wir den Gästen bisher angeboten haben. Das ist wirklich nicht zu glauben. Wie hat Jesus das getan? Bring ihn zu mir, ich möchte ihm auf jeden Fall danken, dass er mir in dieser peinlichen Lage so geholfen hat.

Diener:	Er ist schon gegangen, Herr. Er wollte nicht, dass alle über ihn reden.
Simeon:	Was ist dieser Jesus doch für ein besonderer Mensch. Wir werden sicherlich noch Großes von ihm hören.

Claudia Schmidt

28. Die Berufung der ersten Jünger

Art des Rollenspiels:	Altersstufe:
Spielszene mit verteilten Rollen	Jüngere Kinder
Mitspielende Personen: 6	**Requisiten:**
Erzähler/in	Netze
Jesus	Evt. ein angedeutetes Boot
Simon	
Andreas	
Jakobus	
Johannes	
Mögliche Themen:	**Bibelstelle:**
Nachfolge	Mk 1,16–20: Die Berufung der ersten Jünger
Jesus	
Loslassen	

Erzähler/in: Eines Tages geht Jesus am See von Galiläa entlang. Da sieht er ein kleines Schiff, das nahe am Ufer ist. Es sitzen zwei Männer darin, zwei Brüder. Sie heißen Simon und Andreas. Es sind Fischer. Sie haben ein großes Netz und werfen es ins Wasser. Damit wollen sie Fische fangen.

Simon: Hoffentlich fangen wir heute ein paar Fische!

Andreas: Ja, das hoffe ich auch. Sonst haben wir bald nichts mehr zu verkaufen. Wovon sollen wir dann unsere Familie satt bekommen?

Erzähler/in: Jesus bleibt stehen und schaut den Fischern zu. Und die Fischer schauen ihn an. Sie sind sehr froh, als sie ihn sehen, denn sie kennen Jesus.

Andreas: Schau mal, da ist Jesus. Ich freue mich immer, wenn ich ihn sehe.

Simon: Da hast du recht. Wenn Jesus seine Geschichten erzählt, dann wird mir immer warm ums Herz.

Jesus: Hallo Andreas, hallo Simon! Schön euch zu sehen! Was macht ihr denn da?

Simon: Wir fangen Fische, wie jeden Tag. Willst du uns helfen?

Jesus: Nein, ich wollte euch einladen. Kommt mit mir mit! Ich möchte euch etwas viel Schöneres lehren als das Fischen. Ich will euch lehren, die Menschen froh und glücklich zu machen. Kommt und werdet meine Freunde, die immer mit mir ziehen.

Erzähler/in: Simon und Andreas freuen sich sehr, denn es ist etwas ganz Besonderes, Jesus zum Freund zu haben. Sie überlegen nicht lange, sondern sagen sofort:

Andreas: Gerne kommen wir mit. Nicht wahr, Simon?

Simon: Ja. Ich bin ganz schön gespannt, denn ich weiß noch nicht so recht, wie wir die Menschen glücklich machen können. Aber du wirst es uns lehren, Jesus, das weiß ich genau.

Erzähler/in: Die beiden Jünger lassen ihr Schiff und ihre Netze am Seeufer zurück und folgen Jesus nach.
Ein Stück weiter sitzen zwei andere Fischer am Strand. Sie flicken ihre Netze, denn die reißen häufig beim Fischen. Jesus spricht sie an.

Jesus: Guten Tag, Jakobus und Johannes! Wollt auch ihr mit mir ziehen? Ihr sollt meine Freunde sein, die immer mit mir unterwegs sind. Andreas und Simon sind schon dabei. Kommt ihr auch mit?

Jakobus: Was meinst du, Johannes? Können wir unsere Familie zurücklassen und einfach mit Jesus gehen?

Johannes: Jakobus, ich glaube, so eine Einladung bekommen wir nur einmal in unserem Leben. Ich spüre genau, dass Jesus kein normaler Mensch ist. Von ihm strahlt so viel Liebe aus, wie ich es noch nie erlebt habe. Wenn wir die Chance bekommen, ab jetzt immer bei ihm zu sein, dann müssen wir sie ergreifen.

Jakobus: Du hast recht, Johannes. Jesus, ja, wir kommen mit dir. Danke, dass wir deine Freunde sein dürfen!

Erzähler/in: Und so folgen auch diese beiden Jesus nach. Jesus gewinnt immer mehr Jünger und zieht mit ihnen durch das Land. Die Menschen lieben ihn sehr. Viele schließen sich seinem Weg an.

Claudia Schmidt

Bibelgeschichten

29. Menschenfischer

Art des Rollenspiels:	Altersstufe:
Spielszene mit verteilten Rollen	Ältere Kinder
Mitspielende Personen: 3 Frau Schreiber Frau Maler Herr Bauer	**Requisiten:** Angel
Mögliche Themen: Nachfolge Jesus	**Passende Bibelstelle:** Mk 1,16–20: Die Berufung der ersten Jünger

Frau Schreiber: Aber hallo, was machen Sie denn da? Passen Sie doch auf, dass Sie die Kinder nicht mit Ihrer Angel verletzen!

Frau Maler: Keine Panik, ich bin doch nur dabei, Menschen zu fischen.

Herr Bauer: Das kapiere ich nicht. Was meinen Sie damit?

Frau Maler: So, wie es im Evangelium steht. Ich fische Menschen.

Frau Schreiber: Also, wörtlich kann man das wohl nicht nehmen. Wir sind doch keine Fischer.

Frau Maler: Ja, wie ist es dann gemeint?

Herr Bauer: Vielleicht kann man das Evangelium so verstehen, dass wir versuchen, anderen von unserem Glauben an Jesus Christus weiterzuerzählen.

Frau Schreiber: Oder, dass wir versuchen, uns an Jesus Christus zu orientieren. Dass wir versuchen, so wie er liebevoll und in Frieden mit anderen umzugehen, auch wenn dies nicht immer leicht ist.

Herr Bauer: Auf jeden Fall ist es nicht so gemeint, dass wir wie manche Sekten Menschen einfangen und über sie bestimmen wollen. Jeder Mensch sollte sich in Freiheit für den Glauben und die Nachfolge entscheiden.

Frau Maler: Was meinen Sie mit Nachfolge? Ich soll meine Familie verlassen, meine Kinder? Das bringe ich nicht über's Herz.

Herr Bauer:	Nachfolge – dass wir Jesus als Vorbild nehmen. Dass wir in der Bibel lesen, dass wir in den Gottesdienst kommen, dass wir anderen beistehen und so handeln, dass Gott seine Freude an uns hat.
Frau Maler:	Also, das möchte ich versuchen. Ja, dann kann ich ja jetzt meine Angel wieder einpacken.

Ulrike Arlt-Herberts

30. Jesus im Haus des Zöllners Zachäus

Art des Rollenspiels:	Altersstufe:
Spielszene mit verteilten Rollen	Ältere Kinder

Mitspielende Personen: mind. 10	Requisiten:
Mind. 6 Menschen	Trittleiter
Zachäus	Tisch
Jesus	Silberner Leuchter
Fremder	Geldkassette
Lektor	

Mögliche Themen:	Bibelstelle:
Jesus	Lk 19,1–10: Der Zöllner Zachäus
Außenseiter	
Nachfolge	
Vergebung	

Hinweise:

Folgendes gilt grundsätzlich für das Rollenspiel:

• Die Handlung ist wichtiger als das Wort.

• Im Gottesdienst liest der Lektor/die Lektorin wie gewohnt vom Ambo

Das Rollenspiel erfolgt in drei Abschnitten: Zunächst wird der Ort eingeteilt, dann werden die Personen vorgestellt; schließlich wird das Evangelium vorgelesen und parallel dazu gespielt.

Einteilung des Ortes/Vorbereitung:

Hauptstraße in Jericho – auf beiden Straßenseiten stehen viele Menschen. Hinter ihnen steht (als Baum) eine Trittleiter. In der Kirche eignet sich der Mittelgang, der durch die Spieler Richtung Altarraum weitergeführt wird. – So spielen alle in der Gemeinde mit!

Im vorderen Bereich steht seitlich ein Tisch (als Haus des Zachäus) mit silbernem Leuchter und einer Geldkassette.

Vorstellen der vorkommenden Personen:

Zachäus sitzt in seinem Haus/an seinem Tisch. Viele Menschen bilden ein Spalier, Jesus befindet sich im hinteren Teil des Raumes/der Kirche.

Ein Fremder geht durch den Mittelgang, bleibt dann bei den stehenden Menschen ebenfalls stehen.

Fremder:	Was ist denn hier los? Ihr wartet doch nicht auf mich!?
Mensch 1:	Nein, auf dich warte ich nicht! Ich habe gehört, dass Jesus in unsere Stadt kommt!
Fremder:	Jesus? Wer ist denn das?
Mensch 2:	Du kennst ihn nicht? Jesus aus Nazaret? Er hat Menschen wie den gelähmten Mann geheilt!
Fremder:	Aber es gibt doch öfters Heiler bei uns …
Mensch 3:	Und wie Jesus von Gott redet! Gott ist wie ein guter Vater, wie ein guter Hirte, dem wir alle wichtig sind.
Mensch 4:	Das kannst du wirklich glauben, wenn er es sagt! Und wir sollen uns für Gottes Reich einsetzen wie für einen wertvollen Schatz.
Mensch 5:	Und wir sollen Gott lieben und einander – stell dir mal vor, einen Mann aus Samaria hat er uns da sogar als Beispiel hingestellt!
Mensch 6:	Und die Kinder – er hat sie extra zu sich geholt und sie gesegnet.
Fremder:	Ich verstehe schon – dieser Jesus ist ein ganz besonderer Mensch. Vielleicht schaff' ich es ja auch noch, ihn zu sehen. Doch jetzt muss ich weiter!

Der Fremde geht weiter, bis er zum Haus des Zachäus kommt.

Fremder:	Was ist mit dir los? Warum bist du denn nicht bei den anderen an der Straße?
Zachäus:	Ach, ich weiß nicht … Ich trau mich nicht so recht. Weißt du, ich bin hier der oberste Zöllner, … ich arbeite für die Römer.
Fremder:	An deiner Stelle würde ich mich auch nicht unters Volk mischen. Die können dich bestimmt nicht leiden. Und du bist sicher auch wie die anderen Zöllner und ziehst den Leuten noch mehr aus der Tasche als verlangt.

Bibelgeschichten

Zachäus:	Du hast recht. Deshalb trau ich mich ja auch nicht. Und dieser Jesus hat auch noch erst neulich gesagt, dass man sein Geld an die Armen verteilen soll …
Fremder:	Ich würde auch nicht hingehen, so wie du lebst. Außerdem siehst du eh nichts, so klein wie du bist.
Zachäus:	Aber dieser Jesus interessiert mich schon. Neugierig bin ich. Vielleicht kann ich aus der Ferne ein bisschen zuschauen?
Fremder:	Mach, was du willst. Ich muss jedenfalls weiter.

Der Fremde geht, Zachäus bleibt überlegend sitzen.

Evangelium: Lk 19,1–10

(Das Evangelium wird vorgelesen, die Geschichte parallel dazu gespielt, die wörtliche Rede wird von der jeweiligen Person selbst gesprochen.)

Lektor/in:	Dann kam Jesus nach Jericho und ging durch die Stadt.

Jesus kommt durch die Mitte.

In dieser Stadt wohnte ein Mann namens Zachäus; er war der oberste Zollpächter und sehr reich. Er wollte gern sehen, wer dieser Jesus sei, doch die Menschenmenge versperrte ihm die Sicht, denn er war sehr klein.

Zachäus kommt dazu und steigt auf den Baum/die Leiter.

Darum lief er voraus und stieg auf einen Maulbeerfeigenbaum, um Jesus zu sehen, der dort vorbeikommen musste.

Wenn Jesus bei den stehenden Menschen ist, rufen sie ihm zu:

Mensch 1:	Jesus, komm zu mir, sei mein Gast!
Mensch 2:	Du bist willkommen in meinem Haus!
Mensch 3:	Jesus, mir ist Gott auch ganz wichtig!
Mensch 4:	Jesus, lehre mich recht zu leben!
Lektor:	Doch bei keinem der Frommen blieb Jesus stehen.

Als er an die Stelle kam, wo der Baum stand, schaute er hinauf und sagte:

Jesus: Zachäus, komm schnell herunter! Denn ich muss heute in deinem Haus zu Gast sein.

Zachäus tut dies und geht mit Jesus anschließend nach Hause.

Lektor/in: Da stieg er schnell herunter und nahm Jesus freudig bei sich auf.
Als die Leute das sahen, empörten sie sich und sagten:

Mensch 6: Er ist bei einem Sünder eingekehrt!

Mensch 2: Das ist nicht richtig – warum kommt er nicht zu uns, die wir uns um ein rechtes Leben bemühen?

Mensch 5: Ich verstehe diesen Jesus nicht!

Lektor/in: Zachäus aber wandte sich an den Herrn und sagte:

Zachäus: Herr, die Hälfte meines Vermögens will ich den Armen geben, und wenn ich von jemand zu viel gefordert habe, gebe ich ihm das Vierfache zurück.

Lektor/in: Da sagte Jesus zu ihm:

Jesus: Heute ist diesem Haus das Heil geschenkt worden, weil auch dieser Mann zu Gottes Volk gehört.

Jesus wendet sich allen Menschen zu:

Denn der Menschensohn ist gekommen, um zu suchen und zu retten, was verloren ist.

Susanne Hepp-Kottmann

31. Petrus geht über den See

Art des Rollenspiels:	Altersstufe:
Leseszene mit pantomimischem Spiel	Jüngere Kinder
Mitspielende Personen: mind. 5 Jesus Jünger Kinder, die das Meer andeuten	Requisiten: Angedeutetes Boot (z. B. umgestülpter Tisch) Blaue Tücher für das Meer
Mögliche Themen: Angst Glaube Mut Wagnis Vertrauen	Bibelstelle: Mt 14,22–33: Der Gang Jesu auf dem Wasser

Eines Tages forderte Jesus seine Jünger auf, in ihr Boot zu steigen und schon einmal über den See Genesaret vorauszufahren.

Die Jünger steigen ins »Boot«. Sie winken Jesus zum Abschied zu.

Jesus selbst ging an einen einsamen Ort, um dort zu beten. Er wollte ein wenig Ruhe haben von den vielen Leuten, die ständig zu ihm kamen. So ging er ein Stückchen weit weg und setzte sich, um Gott alles zu erzählen, was er auf dem Herzen hatte.

Jesus setzt sich an der Seite hin und faltet die Hände.

Die Jünger ruderten vom Land weg. Es war stürmisch, denn sie hatten Gegenwind. Es wurde Nacht, und große Dunkelheit breitete sich auf dem See aus.

Die Jünger machen Ruderbewegungen. Kinder bewegen die blauen Tücher, um den Wellengang anzudeuten.

Irgendwann mitten in der Nacht sahen die Jünger plötzlich, dass einer über den See zu ihnen kam. Sie dachten, es sei ein Gespenst, und sie hatten große Angst.

Jesus geht auf die Jünger und das Boot zu. Die Jünger sehen sich erschreckt an und deuten auf Jesus. Sie halten ängstlich die Hand vor den Mund.

Doch es war Jesus. Jesus sagte zu ihnen: »Habt Vertrauen, ich bin es!«

Jesus deutet mit einer Hand auf seine Brust.

Petrus fasste allen Mut zusammen und sagte: »Wenn wirklich du es bist, Jesus, dann lass mich auf dem Wasser zu dir kommen.«

Petrus streckt seine Hand Jesus entgegen.

Da sagte Jesus zu ihm: »Komm!«

Jesus streckt seine Hand zu Petrus hin.

Petrus stieg aus dem Boot und ging über das Wasser auf Jesus zu. Doch sein Mut verließ ihn, als er die hohen Wellen sah. Er bekam Angst und begann, in den Fluten unterzugehen.

Petrus geht auf Jesus zu. Dann sinkt er auf den Boden zwischen die Tücher, die heftig bewegt werden. Er streckt seine Hände hilfesuchend zu Jesus hin.

Petrus schrie: »Hilfe! Jesus, rette mich!« Jesus streckte sofort seine Hand aus und ergriff ihn. Er zog Petrus aus dem Wasser heraus.

Jesus nimmt Petrus an der Hand und richtet ihn auf.

»Warum hast du nur gezweifelt?« fragte Jesus. Petrus war beschämt.

Petrus senkt den Kopf.

Dann stiegen die beiden ins Boot, und der Wind legte sich.

Die beiden gehen ins »Boot« zu den anderen. Die Kinder, die die Tücher bewegen, legen diese glatt auf den Boden.

Die Jünger aber waren sehr ergriffen und sagten zueinander: »Das ist wirklich Gottes Sohn!«

Die Jünger deuten auf Jesus und sehen sich staunend an.

Claudia Schmidt

32. Das Gleichnis vom Festmahl

Art des Rollenspiels:	Altersstufe:
Spielszene mit verteilten Rollen	Jüngere Kinder / ältere Kinder

Mitspielende Personen: mind. 9	Requisiten:
König	Stoff (für Lydia)
Erzähler/in	Stoffsack mit Getreide (für Markus)
Jonas	Netz mit Fischen (für Peter)
Lydia	Evt. Gitarre zur Liedbegleitung
Markus	
Peter	
Einer	
Mehrere	

Mögliche Themen:	Bibelstelle:
Fest	Lk 14,16–24: Das Gleichnis vom Festmahl
Enttäuschung	
Mahl	
Einladung	

Hinweis:	
Am Ende des Rollenspiels wird das Lied »Wir feiern heut ein Fest« gesungen. Es ist in vielen gängigen Liederbüchern zu finden.	

König: Jonas, mein Diener, komm zu mir!

Jonas: Hier bin ich, mein König! Was kann ich für dich tun?

König: Es ist Zeit, dass wir wieder einmal ein Fest feiern. Es soll ein großes Fest werden. Zu diesem Fest möchte ich alle unsere Freunde einladen und die, die mir schon besonders viel Gutes getan haben.

Jonas: Es wird ein Weilchen dauern, mein Herr, aber ich will mich auf den Weg machen und tun, was du mir aufgetragen hast.

König: Nimm eine Tasche mit Proviant mit und das Nötigste zum Übernachten. Ich werde solange auf dich warten.

Der König verschwindet, Jonas, der Diener, geht los.

Erzähler/in: Jonas musste ein Stück gehen, dann kam er an ein Haus. In diesem Haus wohnte Lydia, die Händlerin. Lydia hatte einen Laden. In diesem Laden verkaufte sie schöne Stoffe.

Jonas tritt näher, Lydia hat einen edlen Stoff in der Hand.

Jonas: Lydia, Lydia! König Leo gibt ein großes Fest.

Lydia: Das ist aber schön, endlich wieder ein Fest!

Jonas: Es soll ein großes Gastmahl geben. Wir werden es mit Mühe und Sorgfalt vorbereiten. Wenn alles gerichtet ist, werden wir dich rufen lassen.

Jonas nimmt einen Stoff in die Hand.

Jonas: Du hast ja wunderbare Stoffe.

Lydia: Davon habe ich einst für König Leo ein Gewand genäht.

Jonas: König Leo wird sich sehr freuen, dich wieder zu sehen, also, bis dann zum Fest!

Lydia: Ich grüße dich, und eine gute Weiterreise!

Erzähler/in: Jonas ging weiter, bis er zu einem Hof kam. Auf diesem Hof lebte Markus, der Bauer. Markus hatte viele Äcker, einen Wald und viele Tiere.

Jonas tritt näher, bei Markus steht ein Sack mit Getreide.

Jonas: Markus, ich grüße dich!

Markus: Wer ruft mich? Ich kenne diese Stimme nicht!

Jonas: Mein Herr, König Leo hat mich geschickt. König Leo will ein Fest geben mit einem großen Gastmahl. Du, Markus, bist eingeladen.

Markus: Welche Ehre!

Jonas: König Leo, mein Herr, hat schon viele Jahre von dir das Getreide bekommen. Er freut sich, dich bei seinem Fest begrüßen zu dürfen.

Markus: Wenn es recht ist, werde ich meine Frau und die Kinder mitbringen. König Leo wird doch nichts dagegen haben?

Jonas: Sei gewiss, es wird für alle reichen. Deine ganze Familie

	wird satt werden. Und es wird noch viel übrig bleiben. Mein Herr ist ein großer Gastgeber!
Markus:	Wann soll das Fest sein?
Jonas:	Wir sind dabei, alles vorzubereiten. Wenn das Mahl gerichtet ist, werde ich dich rufen.
Markus:	Eine gute Weiterreise! Und bis zum Fest!
Erzähler/in:	Immer wieder kehrte Jonas in Häuser ein, hielt bei Höfen an, traf Menschen, die gute Freunde von König Leo waren. Sie alle lud er ein zum Fest. Es waren viele. Jonas konnte sie schließlich nicht mehr zählen. So machte er sich auf den Rückweg. Kurz bevor er wieder beim König angelangt war, besuchte er noch Peter, den Fischer. Peter hatte ein kleines Haus am Fluss, ganz nahe beim Palast des Königs.
Jonas:	Peter! Peter, bist du zuhause?
Peter:	Wer ruft mich da und verscheucht alle meine Fische!
Jonas:	Entschuldige, Peter, aber der König schickt mich. Ich soll dich einladen. Der König will ein Fest geben mit einem großen Festmahl. Du sollst sein Gast sein.
Peter:	Soll ich die Fische für das Fest fangen?
Jonas:	Nein, Peter, du sollst wirklich eingeladen sein. Der König schätzt deine Speisen, deine frisch gefangenen Fische. Aber dieses eine Mal darfst du dich bewirten lassen. Du darfst dich setzen und ich werde dich bedienen.
Peter:	Wie werde ich sehen, dass das Fest beginnt?
Jonas:	Wenn das Mahl gerichtet ist, werde ich dich rufen.
Peter:	Es ist mir eine große Ehre, Gast des Königs zu sein!
Jonas:	Bis bald, Peter, bis zum großen Fest.
Erzähler/in:	Jonas ging zurück zum Palast. Dort suchte er den König auf.
Jonas:	Mein König, ich bin zurück. Ich habe viele eingeladen.

32. Das Gleichnis vom Festmahl

Freunde, Bekannte, Menschen, die dir wohl gesonnen sind.

König: Nun sollt ihr das Festmahl vorbereiten. Richtet schöne Tische, festlich gedeckt, mit Blumen und Schmuck. Jeder soll sehen, dass es ein schönes Fest wird.

Jonas: Gerne will ich das tun. Die Köche werden die besten Speisen zubereiten und den Hofsänger und seine Freunde werde ich bitten, ein Festlied einzustudieren.

König: Ja, alle sollen es von weitem hören, dass das Fest beginnt.

Erzähler/in: Es geschah alles so, wie sie besprochen hatten. In der Küche herrschte ein eifriges Treiben, der ganze Palast des Königs war in Aufregung. Die Köche überlegten, ob alle Speisen recht geraten würden. Beim Richten der Tafel überlegten alle, ob der Platz reichen und jeder den richtigen Nachbarn finden würde. Der Hofsänger studierte eifrig mit seinen Freunden das Festlied ein. Und der König selbst überlegte eine Rede zur Begrüßung der Gäste.

Jonas: Mein König, es ist alles bereitet, das Fest kann beginnen.

König: Nun geh und hole alle Gäste.

Erzähler/in: Jonas machte sich auf die Reise. Er rief laut durch das ganze Land:

Jonas: Kommt alle herbei, die ihr geladen seid! Der Tisch ist gedeckt, das Festmahl ist gerichtet.

Erzähler/in: So gelangte Jonas zu Lydia.

Jonas: Lydia, Lydia! Das Fest kann beginnen. Komm und beeile dich, der Tisch ist schon gedeckt.

Lydia: Es tut mir so leid! Ich muss absagen, ich kann nicht zum Fest des Königs kommen!

Jonas: Wie kann das sein? Ich habe fest mit dir gerechnet. Der König freut sich schon auf dein Kommen.

Lydia: Leider, leider! Die Arbeit ruft! Ein bedeutender Stoffhändler hat sich angesagt. Er will mir noch dieser Tage die

	schönsten und neuesten Stoffe aus nah und fern zeigen. Ich muss dringend zu Hause bleiben, niemand kann diese Arbeit für mich tun.
Jonas:	Du kannst es dir ja noch einmal überlegen. Vielleicht kommt er schon bald, dann kannst du dich noch auf den Weg machen.
Lydia:	Ich glaube kaum. Mach dir lieber keine Hoffnungen. Vielleicht ein anderes Mal. Und schöne Grüße an den König.
Erzähler/in:	Jonas war enttäuscht. Ausgerechnet Lydia! König Leo schätzt sie sehr. Sie wird fehlen beim Fest!
Jonas:	Gute Nachrichten, Markus!
Markus:	Wer ruft mich? *(kommt hervor)* Ach Jonas, du bist es, so ein Pech aber auch.
Jonas:	Kein Pech! Gute Nachrichten! Das Fest kann beginnen, du kannst dich mit deiner Familie auf den Weg machen!
Markus:	Glaube mir, es tut mir so leid! Aber das Fest muss ohne mich stattfinden; ich habe gerade die Gelegenheit, einen neuen Acker zu erwerben. Die Einkünfte vom Verkauf des Getreides am Königshof waren gut, sie reichen für einen neuen Acker. Der Acker grenzt genau an unser Ackerland. Diese Woche muss ich alles regeln, bis der Kauf abgeschlossen ist.
Jonas:	Vielleicht könnten deine Frau und die Kinder kommen und als Begleiter könntest du einen guten Freund des Hauses einsetzen.
Markus:	Das ist nett gemeint, aber meine Familie wird auf keinen Fall ohne mich reisen. Das ist mein letztes Wort. Grüße den König und ich wünsche ein schönes Fest.
Erzähler/in:	Allmählich wurde Jonas ein wenig nachdenklich.
Jonas:	Ich weiß auch nicht, keiner will zum Fest kommen. Da kann einem die ganze Lust vergehen.

Jonas macht sich auf den Weg und gelangt zu Peter, dem Fischer.

Jonas:	*(ruft)* Peter, Peter, bist du zu Hause?
Peter:	Jonas, bist du es? Komm herunter an den Fluss, ich bin gerade am Bootssteg.
Jonas:	Gute Nachrichten, der König schickt mich. Das Fest kann beginnen, der Tisch ist gedeckt. Mach dich auf den Weg.
Peter:	Leider, leider, ich muss dich enttäuschen. Gerade eben habe ich ein neues Boot gekauft. Es hat mich viel Geld gekostet. Ich werde sofort ausfahren und Fische fangen. In nächster Zeit werde ich viel Arbeit haben. Einen Teil des Geldes für mein neues Boot habe ich mir geliehen. Ich muss es umgehend zurückbezahlen. Deshalb habe ich keine Zeit auf Festen zu vergeuden.
Jonas:	Der König wird sehr enttäuscht sein! Er freut sich schon auf dein Kommen.
Peter:	Bestelle ihm schöne Grüße, vom nächsten Fang soll er den schönsten Fisch bekommen.

Jonas und Peter verschwinden.

Erzähler/in:	Ganz gleich, wo Jonas auch hinging, überall nur Absagen. Alle Gäste, die er voll Freude eingeladen hatte, konnten nicht kommen. Jeder hatte etwas Besonderes und etwas Wichtiges vor.
Jonas:	Ich werde mich nun auf den Heimweg machen. Seltsam, seltsam! Keiner der eingeladenen Gäste kann kommen. Der König wird enttäuscht sein.

Jonas gelangt zum König.

König:	Da bist du ja endlich. Wo sind die Gäste?
Jonas:	Mein König, ich muss dich enttäuschen. Keiner der Gäste wird kommen. Alle haben abgesagt!
König:	Abgesagt? Zu unserem großen Festmahl? Wie kann das sein?
Jonas:	Ich verstehe es auch nicht! Alle haben sich so über die Einladung gefreut. Und jetzt hat auf einmal keiner mehr Zeit.

	Jeder hat etwas Wichtiges zu tun. Was sollen wir jetzt tun?
König:	Das Fest findet statt!
Jonas:	Wie soll das Fest stattfinden, wenn keine Gäste da sind?
König:	Ich habe eine gute Idee: Geh auf die Straßen und Plätze und rufe alle zusammen, die du dort findest. Ruf', so laut du kannst: Wir feiern heut' ein Fest und kommen hier zusammen. Wir feiern heut' ein Fest, weil Gott uns alle liebt.
Jonas:	Bist du verrückt geworden! Du kannst doch nicht alle Leute einladen, und schon gar nicht die von der Straße. Wer weiß, welch Gesindel da zum Fest kommen wird.
König:	Tu, was ich dir sage, es wird ein schönes Fest werden. Man wird noch lange davon sprechen. Und ich glaube, wir werden viel Freude miteinander haben. Lade auch die ein, die keiner haben will, die kein Geld haben, die krank sind ...
Jonas:	Wenn du meinst! *(Geht hinaus und spricht vor sich hin.)* Ob das ein Fest wird? Mit all den seltsamen Gästen, die keiner kennt? *(ruft laut)* Eine gute Nachricht, hört alle her, eine Nachricht von König Leo *(einige Leute kommen)*: Der König gibt ein Fest für euch alle!
Einer:	Warum ein Fest?
Jonas:	Ein Festmahl der Freude! Alle sind eingeladen, auch du! Kommt schnell, das Mahl ist bereitet.
Mehrere:	Ein Fest beim König. Das lassen wir uns nicht zweimal sagen. Lasst alles stehen und liegen und nehmt die Nachbarn und Freunde mit. Kommt, wir wollen feiern.
Jonas:	Ja, kommt, wir wollen feiern, ein großes Fest mit einem schönen Festmahl. Ihr seid eingeladen zum Fest.
Alle:	Wir feiern heut ein Fest ... *(singen 1. Strophe)*
Erzähler/in:	Die Menschen strömten von den Plätzen und Gassen, Gesunde und Kranke, Kinder und Erwachsene, alle kamen zum König. Der König freute sich.

König: Seid herzlich willkommen! Ich begrüße euch zum königlichen Festmahl. Ich freue mich, dass ihr alle gekommen seid. Ihr sollt meine Gäste sein! Es soll euch an nichts fehlen. Lasst uns miteinander singen:

Alle: Wir feiern heut' ein Fest ... *(singen restliche Strophen)*

Beate Brielmaier, aus: Dies., Kinderbibeltage.
Neue Wege zu wichtigen Geschichten.
© *Verlag Herder GmbH, Freiburg im Breisgau 2006.*

33. Der Geldschein und die Münze

Art des Rollenspiels:	Altersstufe:
Spielszene mit verteilten Rollen	Ältere Kinder / Jugendliche

Mitspielende Personen: 3	Requisiten:
Pfarrer	»Klingelbeutel« (= Sammelkörbchen für die
Geldschein	Kollekte)
Münze	Evt. Verkleidung als 100-Euro-Schein und als
	1-Cent-Münze

Mögliche Themen:	Passende Bibelstellen:
Geld	Lk 15,8–10: Die verlorene Drachme
Werte	Mk 12,41–44: Das Opfer der Witwe
Überheblichkeit	

Pfarrer: Ich muss Ihnen was erzählen: Also neulich, nach dem Gottesdienst, brachte der Mesner den Klingelbeutel *(zeigt ihn)* in die Sakristei und legte ihn auf den Tisch. Und da hörte ich plötzlich Stimmen …

Geldschein: Mach mal Platz!

Münze: Ich bin doch schon so klein.

Geldschein: Meine Güte, mit wem man sich hier abgeben muss!

Münze: Also, guten Tag. Darf ich mich vorstellen? Ich bin eine Cent-Münze. Und wer bist du?

Geldschein: Sind wir jetzt schon per du, oder wie? Ts … Ich bin der 100-Euro-Schein.

Münze: Wie kommst du denn hier rein?

Geldschein: Das frag ich mich auch. – Das ist eine lange Geschichte.

Münze: Erzähl doch mal!

Geldschein: Am Anfang, so frisch aus der Druckerpresse, als ich noch ganz glatt und glänzend war, da lag ich im Tresor einer großen Bank.

Münze: Ich hab' am Anfang auch geglänzt. Blitzblank!

Geldschein: Du? Na, wer's glaubt!

Münze:	Nein, ehrlich. Naja, nicht so lange. Ich bin durch so viele Hände gegangen.
Geldschein:	Durch lauter klebrige, oder wie? Du bist ganz schön schmierig.
Münze:	Naja, das kommt wohl noch von dem kleinen Jungen, der mich als Wechselgeld für sein Eis rausgekriegt hat. Aber erzähl doch mal weiter!
Geldschein:	Ach so, ja. Ich hatte natürlich keine Lust, lange rumzuliegen. Also sorgte ich dafür, dass ich bald am Bankschalter abgehoben wurde. Mmmmmm – nie werde ich den feinen Ledergeruch meines ersten Geldbeutels vergessen!
Münze:	Geldbeutel? Ja, ich erinnere mich dunkel. Ich hab' mehr in Hosentaschen, Rucksäcken und so gelebt. Und auf der Straße.
Geldschein:	Wie – »auf der Straße«?
Münze:	Das war meine vorletzte Station. Ich war durch ein Loch in der Hosentasche gerutscht. Vier Tage und Nächte lag ich auf dem Gehweg.
Geldschein:	Wirklich widerlich! »Auf der Straße«, das hieß für mich: im Jaguar über die Autobahn. Oder auf dem Motorrad durch Florida. Oder Straßencafé auf Teneriffa. Aufregender waren allerdings die Zwischenstopps in den Boutiquen. Wurde man für eine Rolex hingeblättert oder für einen Boss-Anzug? Oder einmal – das war obercool – als Trinkgeld für ein Fünf-Gänge-Menü – einfach so!
Münze:	Was ist ein Fünf-Gänge-Menü?
Geldschein:	Vergiss es! Beim Mac oder beim Döner brauchst du das nicht zu wissen.
kurze Stille	
Münze:	Tja, und jetzt sind wir doch am gleichen Ort gelandet.
Geldschein:	Ja, es ist nicht zu fassen! Dass du dich nicht schämst!
Münze:	Schämen? Ich? Wofür denn?

Bibelgeschichten

Geldschein:	Das hier ist ein kirchlicher Klingelbeutel!
Münze:	Ja, eben!
Geldschein:	Wie peinlich, da einen Cent 'rein zu werfen!
Münze:	Oh …
Geldschein:	Also wirklich, die Leute sind sich für nichts zu schade. Wenn einer nicht sozial sein will, dann soll er es lassen. Aber du bist echt der Hohn!
Münze:	Wie meinst du das?
Geldschein:	Dass der, der dich reingeschmissen hat, sich wahrscheinlich lustig machen wollte. Für einen guten Zweck in der Kirche, also sozusagen für Gott, da muss ich doch großzügig sein und zeigen, dass mir das was bedeutet.
Münze:	Es war kein »der«, der mich reingeschmissen hat.
Geldschein:	Was?
Münze:	Es war eine Frau. Die hat mich sofort gesehen und aufgehoben auf dem Gehweg. Und ehrlich gesagt – bei den vier Kindern, die sie hat und der winzigen Wohnung – die hatte echt nichts übrig.
Geldschein:	Aber du hast doch keinen Wert. Dann soll sie's lassen. Soll sie Sozialhilfe beantragen. Mit mir, mit mir kann man richtig Gutes tun – vielleicht einem Obdachlosen einen Schlafsack schenken oder mit den Firmlingen einen gescheiten Film anschauen im Kino oder diese Kirche mal verschönern …
Münze:	Jetzt halt mal die Luft an! Zähl' ich etwa gar nicht?

Cäcilia Branz/Junge-Kirche-Team Reutlingen

34. Mein Schatz

Art des Rollenspiels:	Altersstufe:
Spielszene mit verteilten Rollen	Jugendliche

Mitspielende Personen: 4	Requisiten:
Paul	keine
Frieda	
Sven	
Natalie	

Mögliche Themen:	Passende Bibelstelle:
Werte	Mt 13,44: Der Schatz im Acker
Glück	
Leben	

Hinweise:
Vor dem Rollenspiel wird das Gleichnis vom
Schatz im Acker vorgelesen (Mt 13,44).

Paul:	Sagt mal, habt ihr denn verstanden, was Jesus uns mit dem Gleichnis vom Schatz im Acker sagen will?
Frieda:	So ganz ist es mir nicht klar. Irgendwie geht es darum, dass man alles hergeben soll für das Reich Gottes.
Sven:	Da fällt mir einer ein, von dem ich mal gehört habe. Der hat sein ganzes Vermögen hergegeben und ist ins Kloster gegangen.
Paul:	Das finde ich verrückt. Wie kann man denn ins Kloster gehen? Da muss man die ganze Zeit beten. Wenn das mit dem Gleichnis gemeint ist, dann kann ich jedenfalls nichts damit anfangen.
Frieda:	Das glaube ich nicht, dass man da gleich ins Kloster gehen muss. Ich glaube eher, dass Jesus uns fragen will, wofür wir denn alles hergeben würden, was wir haben.
Natalie:	Ich würde alles dafür geben, einmal mit Robbie Williams zusammen zu sein. Der ist echt cool!
Frieda:	Du spinnst ja. Da hast du alles hergegeben, und dann? Wenn dein Robbie wieder weg ist? Ich würde nur alles hergeben, wenn es um meine Familie geht. Das ist gerade

mein größter Wunsch, dass wir uns endlich wieder besser verstehen. Bei uns gibt's dauernd Krach daheim. Ich würde alles dafür geben, wenn es mal wieder friedlicher wäre zwischen uns.

Sven: Wenn ich überlege, für was ich etwas einsetzen würde, dann denke ich an meine Zukunft. Ich möchte selbst mal eine Familie haben. Eine Frau, zwei Kinder, einen Hund, ein Haus ... das wäre klasse. Dann wäre ich glücklich.

Paul: Na ja, da setze ich eher auf beruflichen Erfolg. Ich würde viel dafür geben, wenn ich besser in der Schule wäre und einen guten Abschluss schaffe – dann steht meiner Karriere nichts mehr im Weg. Ein toller Job, ein schnelles Auto, was will ich mehr?

Frieda: Halt mal! Wir denken die ganze Zeit darüber nach, was wir in unserem Leben möchten. Aber im Gleichnis von Jesus geht's doch um etwas ganz anderes. Da geht's doch um Gott und sein Himmelreich!

Natalie: Ja schon, aber das Himmelreich ist doch nicht nur irgendetwas Frommes. Es bedeutet doch, dass wir glücklich sind. Vielleicht will Jesus, dass wir unsere ganze Kraft dafür einsetzen.

Sven: Jesus möchte schon, dass wir glücklich sind. Aber es ist ihm sicherlich auch wichtig, dass wir die anderen darüber nicht vergessen. Sich für's Himmelreich einsetzen heißt auch, dass wir andere glücklich machen.

Frieda: Wenn ich so nachdenke, dann merke ich, dass es sowieso nicht geht, alleine glücklich zu sein. Wenn ich glücklich bin und alle anderen sind unglücklich, was bringt mir das dann? Ich jedenfalls möchte mein Glück, das ich suche, mit anderen teilen.

Natalie: Ich glaube, der Schatz im Gleichnis ist für jeden Menschen etwas anderes. Er ist das, woran unser Herz hängt. Aber wenn ich daran denke, dass Gott für jeden Menschen einen Schatz verborgen hält, den wir in unserem Leben suchen und finden dürfen, dann ist das doch toll!

Paul: Ja, und ich glaube, Gottes Glück für uns Menschen ist in ganz vielem verborgen, was uns begegnet. Wir müssen uns nur umschauen. Und wenn wir dann alle Kraft dafür einsetzen, dieses Glück für uns und für andere zu erringen, dann ist das Himmelreich sicher nicht mehr weit.

Claudia Schmidt

35. Das Gleichnis vom barmherzigen Vater

Art des Rollenspiels:	Altersstufe:
Spielszene mit verteilten Rollen	Jugendliche

Mitspielende Personen: 11	Requisiten:
Vater	Tisch mit Stühlen
Mutter	Schüssel
Paul	Brot
Markus	Geldbeutel mit Geldscheinen
Lukas	Zerrissene Jacke für Jakob als Obdachloser
Hannah	Passende Kleider für die anderen Personen
Martha	
Rebecca	
Jakob	
Friedhelm	
Sprecher/in	

Mögliche Themen:	Passende Bibelstelle:
Vergebung	Lk 15,11–32: Das Gleichnis vom verlorenen Sohn
Versöhnung	
Gott	
Familie	

Hinweise:
Die Geschichte spielt an zwei Orten: dem Wohnzimmer auf dem Hof, angedeutet durch einen Tisch, und dem Ort, an dem Jakob sich mit dem Obdachlosen Friedhelm unterhält. Beide Orte sollten ein Stück weit voneinander entfernt sein.

Der Vater kommt an den Tisch und setzt sich hin.

Vater: Heute haben wir viel gearbeitet, wir waren echt fleißig, das ganze Heu für unsere Schafe ist im Stall. Da haben wir uns das Essen echt verdient.

Die Mutter bringt die Schüssel und setzt sich an das andere Tischende.

Mutter: Mein Brot ist aber noch nicht ganz fertig gebacken. Martha bekam den Ofen nicht gut an. Ihr müsst noch ein bisschen Geduld haben.

Vater: Wo sind die Jungs? Paul, Markus, Lukas, seid ihr damit fertig, den Stall sauber zu machen? Dann kommt zu Tisch, wir wollen anfangen.

Mutter: Martha, Rebecca, Hannah, kommt ihr auch zum Essen? Und bringt gleich das Brot von der Feuerstelle mit! Unsere Kinder sind heute echt geschafft, bei der großen Hitze ist jede Arbeit im Freien eine Zumutung. Jetzt fehlt nur noch unser Jüngster.

Der Jüngste kommt herein und setzt sich hin.

Vater: Wo kommst du denn her? Ich habe dich heute bei der Arbeit den ganzen Tag nicht gesehen. Du hast auf dem Feld gefehlt, wir hätten dich gebraucht.

Jakob: Vater, ich möchte mein Erbe ausgezahlt bekommen. Ich war lange genug in der Familie. Mir reicht's, ich habe echt keinen Bock mehr, weiter hier rumzuhängen. Zahl' mir mein Erbe aus, ich will hier endlich weg aus diesem verdammten Kaff!

Paul: Was will der denn? Was soll das?

Martha: Ich glaube, der spinnt!

Hannah: Der hat ja wohl einen Knall! Wir können dann den ganzen Dreck machen.

Rebecca: Na ja, der hat schon immer seinen Kopf durchgesetzt. Der soll nur von hier weggehen.

Vater: Was ist bloß mit dir los? Gefällt es dir bei uns nicht mehr? Hat dir irgendjemand etwas getan? Und wo willst du überhaupt hin, du hast doch gerade erst deine Ausbildung beim Zimmermann angefangen.

Jakob: Ich weiß noch nicht, wo ich hingehe. Ich will einfach weg, und es geht euch auch nichts an, was ich mache. Ich bin ich, und ich will leben, nicht immer nur arbeiten. Außerdem habe ich null Bock mich zu rechtfertigen. Ich will jetzt meinen Anteil und dann unabhängig sein.

Paul: Wir haben auch nichts, und außerdem ist jetzt nicht der Zeitpunkt, das Erbe aufzuteilen. Vater lebt ja noch.

Lukas:	Wenn du jetzt gehst, brauchst du gar nicht mehr wieder-zukommen.
Vater:	Ich werde dir deinen Anteil geben, aber leicht fällt es mir nicht. Du weißt genau, dass wir das Geld dringend brau-chen. Du kennst unsere ärmliche Situation. Aber nimm das Geld trotzdem, geh und werde glücklich!

Der Jüngste nimmt vom Vater einen Geldbeutel in Empfang und geht. Im Gehen blättert er die Geldscheine durch und zählt sie.

Mutter:	Ich werde dich so sehr vermissen. Dass gerade du als Ers-ter gehen musst, gerade du.
Sprecher/in:	Und so ging Jakob, der Jüngste der Familie, auf weite Reise. Am Anfang reichte das Geld für so vieles: für teures Essen, für einen traumhaften Urlaub all inclusive, für ein neues Handy, für Alkohol in Mengen und auch für Drogen. Doch dann ging das Geld zur Neige. Jakob konnte sich keine Un-terkunft mehr leisten. Er lebte auf der Straße mit den Ob-dachlosen. Nachts plagte ihn die Kälte, tagsüber der Hun-ger. Er wollte dringend einer Arbeit nachgehen, doch wegen der Wirtschaftskrise und der hohen Arbeitslosen-rate war keiner bereit, den schmuddelig aussehenden jun-gen Mann einzustellen. Eines Tages unterhielt sich Jakob mit Friedhelm, einem seiner obdachlosen Freunde.

Jakob und Friedhelm sitzen am zweiten Ort nebeneinander. Jakob hat eine zerrissene Jacke übergezogen.

Friedhelm:	Sag mal, Jakob, warum lebst du eigentlich bei uns auf der Straße? Du kommst doch aus einer guten Familie, du hast einen Schulabschluss, du hast keinen schweren Schick-salsschlag erlitten. Warum lebt so einer wie du bei uns?
Jakob:	Ach weißt du, Friedhelm, ich habe mal einen großen Feh-ler gemacht. Ich bin von zuhause weggegangen und habe alles Geld, das mir zusteht, mitgenommen. Ich hab' alles so satt gehabt, auf dem Hof daheim, die viele Arbeit, das enge Zusammenleben, und ich dachte, das ist cool, einfach so abzuhauen und durch die Welt zu reisen. Zuerst war es ja auch super. Mann, hab' ich tolle Länder gesehen! Ein Jahr

lang hab' ich in Saus und Braus gelebt. Aber dann war die Kohle alle, und ich hab' keinen Fuß mehr auf den Boden gekriegt. Ich dachte, ich krieg' bestimmt 'nen guten Job, aber es will mich ja keiner anstellen. Und je länger ich auf der Straße lebe, desto mehr sieht man mir das auch an. So einen wie mich will doch keiner.

Friedhelm: Und warum gehst du nicht zurück? Du kannst doch wieder auf den Hof deiner Eltern gehen. Vielleicht geben sie dir Arbeit.

Jakob: Ich weiß nicht. Vor denen habe ich mich maßlos blamiert. Wer will schon so einen unnützen Sohn zurückhaben? Schließlich habe ich sie alle im Stich gelassen.

Friedhelm: Glaubst du, dein Vater würde dich wegjagen?

Jakob: Wenn ich das wüsste. Aber du hast recht. Ich könnte es wenigstens versuchen. Ich könnte meinen Vater fragen, ob er mich als Arbeiter bei sich einstellt. Mehr als Nein sagen kann er ja nicht.

Friedhelm: Mach das. Der Winter kommt, und dann hältst du das hier auf der Straße nicht mehr lang aus.

Jakob steht auf und geht weg.

Sprecher/in: Und so kam es, dass Jakob wieder zurück in sein Heimatdorf reiste. Er ging mit langsamen Schritten auf den elterlichen Hof zu, weil er nicht wusste, was ihn dort erwarten würde. Die Tür stand offen, und so ging er hinein. Die anderen waren wohl beim Essen. Zaghaft klopfte Jakob an die Türe und öffnete sie.

Jakob tritt an den Tisch.

Jakob: *(schüchtern)* Hallo!

Paul: Was willst du denn hier? Mit dir sind wir fertig.

Markus: Ich glaub's nicht. Kommt der wieder. Vermutlich ist sein Geld alle.

Lukas: Und wie der aussieht und stinkt. Bist du unter die Penner gegangen?

Vater:	Hört schon auf, Kinder! Und du, Jakob, komm herein.

Der Vater steht auf und eilt Jakob entgegen.

Jakob:	Vater, ich schäme mich so, weil ich so viel Mist gebaut habe. Es tut mir so leid, wie ich mich benommen habe. Ich dürfte gar nicht mehr herkommen. Und doch komme ich heute zurück. Es geht mir so elend. Ich wollte dich fragen, ob du mich als Arbeiter einstellen würdest, ich …
Vater:	Kein Wort mehr davon, Sohn. Ich freu' mich so, dass du wieder da bist. Ich habe dich so sehr vermisst. Jeden Tag habe ich an dich gedacht. Du hast uns so sehr gefehlt.

Der Vater schließt Jakob in die Arme. Auch die Mutter steht auf und umarmt Jakob.

Mutter:	Ich glaub' es gar nicht! Jakob! Wie froh bin ich, dass du zurückgekommen bist.
Jakob:	Mutter, ich …
Mutter:	Sag' nichts, Jakob. Alles ist vergessen und vergeben, was gewesen ist. Hauptsache, du bist wieder da.
Vater:	Hungrig schaust du aus, und so, als ob du ein Bad gebrauchen könntest. Paul, geh los und heize das Bad. Lass eine Wanne voll heißem Wasser einlaufen. Und du, Martha, geh und bereite den Sonntagsbraten zu. Wir werden ihn schon heute essen, weil Jakob zurückgekommen ist und weil wir ein großes Fest feiern wollen.
Paul:	(*protestierend*) Aber Vater, für den da willst du ein Fest feiern? Wir haben noch nie eine Party feiern dürfen mit unseren Freunden hier auf dem Hof. Obwohl wir Tag für Tag geschuftet haben, sprang nie etwas für uns raus. Und jetzt kommt der da dahergelaufen, der uns alle im Stich gelassen hat und der aussieht, als ob er in den letzten Monaten auf Droge war, und du feierst ein Fest?
Vater:	Ich denke anders als du, Paul. Ihr alle wart immer hier. Wir haben Tag für Tag zusammen gearbeitet und haben alles geteilt, was wir haben. Wenn du gesagt hättest, du möchtest eine Party mit Freunden feiern, hättest du es tun können. Dir gehört all das, was wir haben, ebenso wie mir.

Aber heute ist ein besonderer Tag. Jakob ist zurück. Er hat sich verrannt, sicherlich. Er hat nicht so gelebt, wie wir uns das gewünscht hätten. Aber er ist zurückgekommen. Er möchte wieder bei uns sein. Und da soll ich, der ich Tag für Tag Angst hatte, dass ihm etwas zustößt, ihn nicht umarmen, sondern wegschicken? Nein. Heute ist ein Tag der übergroßen Freude, an dem unser Herz weit und groß sein sollte. Geh jetzt nach oben und komm erst wieder, wenn du deinem Bruder vergeben hast. Denn wir alle wollen ohne Gram feiern bis in die Nacht.

Regina Zacher

36. Die Kindersegnung

Art des Rollenspiels:	Altersstufe:
Spielszene mit verteilten Rollen	Jüngere Kinder

Mitspielende Personen: Mind. 11	Requisiten:
Menschen mit Kindern verschiedenen Alters (z. B. dargestellt von Familien mit Kindergartenkindern) Jünger 1–5 Hörende Menschen Jesus Lektor/in	keine

Mögliche Themen:	Bibelstelle:
Reich Gottes Kinder Segen Jesus	Mk 10,13–17: Jesus segnet die Kinder

Hinweise:
Folgendes gilt grundsätzlich für das Rollenspiel:
• Die Handlung ist wichtiger als das Wort.
• Im Gottesdienst liest der Lektor wie gewohnt vom Ambo.

Einteilung des Ortes:

Die Geschichte spielt in einem Dorf. Unmittelbar davor wird erzählt, wie Jesus die Jünger und die Menschen lehrte. So brauchen wir einen Ort, an dem Jesus lehrt (vorn) und einen Weg, den die Menschen mit den Kindern gehen können (z. B. Mittelgang in der Kirche; die Menschen und Kinder stehen zuerst im hinteren Bereich).

Rollenspiel:

Jesus und die Jünger mit einigen anderen Menschen stellen sich vorn auf. Jesus steht mit einer Lehrgeste da, alle anderen schauen ihn an.

Lektor/in: Die Menschen hatten viele Fragen an Jesus. Und es gab viele Dinge, die Jesus ihnen sagen wollte. So versammelten sich häufig Menschen um Jesus, um ihm zuzuhören.

Erwachsene kommen mit Kindern jeden Alters nach vorn, bleiben in einem gewissen Abstand (z. B. an der 1. Bankreihe) stehen.

Eines Tages brachten auch einige Erwachsene ihre Kinder mit, damit Jesus ihnen die Hände auflegen konnte.

Die Jünger stehen nebeneinander, verschränken die Arme – sie bilden eine Mauer. Sie sagen zueinander:

Jünger 1:	Warum bringen sie ihre Kinder mit?
Jünger 2:	Die Kinder sind doch immer so laut!
Jünger 3:	Außerdem verstehen die Kinder doch gar nicht, was Jesus sagt!
Jünger 4:	Warum machen die Eltern das, die Kinder sollen doch lieber spielen!
Jünger 5:	Die Kinder hören eh nicht richtig zu!
Jünger 4:	Ja, und sie reden dazwischen, wenn die Erwachsenen reden!
Jünger 3:	Außerdem sieht Jesus müde aus, er braucht jetzt Ruhe!
Jünger 1–5:	*(gemeinsam)* Geht nach Hause!
Lektor/in:	So wiesen die Jünger die Leute schroff ab, als sie sie sahen.

Jesus schiebt die Jünger auseinander, tritt vor sie.

Jesus:	Lasst die Kinder zu mir kommen; hindert sie nicht daran! Denn Menschen wie ihnen gehört das Reich Gottes. Amen, das sage ich euch: Wer das Reich Gottes nicht so annimmt wie ein Kind, der wird nicht hineinkommen.
Jünger 1:	*(meint zu Jünger 2)* Er hat recht – nicht mit dem Verstand allein können wir seine Botschaft verstehen. Wir müssen ihm wie die Kinder unser Herz öffnen.

Jesus geht zu den Gekommenen, umarmt die Kinder, legt ihnen die Hände auf und segnet sie.

Lektor/in:	Und Jesus nahm die Kinder in seine Arme; dann legte er ihnen die Hände auf und segnete sie.

(Schön ist es, wenn die Spieler in einem Standbild verharren, eine Melodie erklingt und die Szene nachwirken kann.)

Susanne Hepp-Kottmann

37. Die Aussätzigen

Art des Rollenspiels:	Altersstufe:
Interview	Jugendliche
Mitspielende Personen: 8	**Requisiten:**
Reporter/in	Mikrofon(-Attrappe)
7 Geheilte	
Mögliche Themen:	**Passende Bibelstelle:**
Dankbarkeit	Lk 17,11–19: Die Heilung der Aussätzigen
Heil werden	

Hinweise:
Zunächst wird die Bibelstelle von der Heilung der Aussätzigen (Lk 17,11–19) vorgelesen; dann schließt das Interview an.

Reporter/in: Die neun Geheilten, die nicht zu Jesus zurückkommen, die kommen ja schlecht weg. Bisher hat noch niemand versucht herauszufinden, warum sie nicht zurückgekommen sind, um sich bei Jesus zu bedanken. Sind sie einfach schlechte Menschen? Was haben sie sich eigentlich gedacht?

Mir ist es gelungen, Licht in dieses Dunkel zu bringen. Ich habe es tatsächlich geschafft, sieben der neun Geheilten ausfindig zu machen, und ich werde sie jetzt zur Rede stellen.

Hallo! Sie gehören also zu den Zehn, die damals auf so wundersame Weise vom Aussatz geheilt worden sind. Der Evangelist Lukas berichtet, dass Jesus ziemlich enttäuscht von Ihnen war, weil Sie sich nicht bei ihm bedankt haben. Das ist ja auch wirklich – na ja, sagen wir mal: unhöflich. Wir würden heute gern von Ihnen wissen: Was haben Sie denn gemacht nach Ihrer Heilung? Warum sind Sie nicht zu Jesus zurückgekommen, um sich zu bedanken?

Geheilter 1: Ich bin sofort zu meiner Familie gegangen. Stellt euch doch nur vor: Ich hatte ja schon über einen Monat als Ausgestoßener gelebt. Da ist doch klar, dass ich sofort zu meiner

	Frau und meinen Kindern zurückgegangen bin. In dem Moment gab es nichts Wichtigeres für mich.
Reporter/in:	Ich verstehe. Und Sie? Warum haben Sie sich nicht bedankt?
Geheilter 2:	Also, ich weiß gar nicht, was dieser Jesus hat. Ich habe mich durchaus bedankt und Gott gepriesen. So wie es sich für einen ordentlichen Juden eben gehört: Ich bin in den Tempel gegangen und habe dort gebetet und eine Spende abgegeben. Ich bin ein pflichtbewusster Mensch. Pflicht kommt vor dem Vergnügen. Erst wenn getan ist, was getan werden muss, widme ich mich den Dingen, die auch noch nett oder gut wären. Aber – meistens bleibt dafür eben keine Zeit.
Reporter/in:	So kann man das natürlich auch sehen. Doch gehen wir weiter. Was möchten Sie uns erzählen?
Geheilter 3:	Wenn du zwei Monate ausgesetzt bist, kein normales Haus, kein Bett, keine Freunde und vor allem keine Hoffnung außer dem Tod mehr hast, hey, und dann bist du plötzlich wieder gesund, da musst du erst mal kräftig feiern und Party machen. Das Leben hat mich wieder! Ich brauche Action!
Geheilter 4:	So ähnlich ging's mir auch. Als wir bei den Priestern fertig waren und wieder auf die Straße herauskamen, da wollte ich nur eines: dieses ganz normale Leben wieder anfangen, mich unter die Leute mischen, durch die Stadt streifen, auf den Bazar gehen, eben wieder ganz normal leben.
Reporter/in:	Und wie ging es Ihnen?
Geheilter 5:	Also, ich war irgendwie ganz überwältigt. Das war alles ein bisschen viel. Erst der Schock, Aussatz zu haben. Dann das einsame, erbärmliche Leben als Ausgestoßener. Dann die Begegnung mit Jesus. Dann die Bestätigung: du bist geheilt. Ich musste mich erst mal zurückziehen an einen stillen

	Ort. Alles verarbeiten. Den Jesus habe ich dann nicht wieder getroffen. Natürlich bin ich ihm sehr, sehr dankbar.
Reporter/in:	Und Sie?
Geheilter 6:	Diese Zeit da draußen prägt einen. Du bist krank und isoliert und ganz auf mildtätige Leute angewiesen. Ich habe mich schon bedankt. Aber nicht bei Gott, der uns mit Krankheit ja bestraft, wie es heißt. Auch nicht bei diesem seltsamen Jesus. Ich habe die Leute gesucht, die uns da draußen Essen gebracht haben. Die uns nicht abgeschrieben und nicht vergessen haben.
Geheilter 7:	Das ist der Knackpunkt: Die Aussätzigen brauchen jemanden, der sie nicht vergisst. Was kann also wichtiger sein, als zu denen rauszugehen, die nicht so viel Glück hatten wie wir? Was soll ich lange im Tempel beten oder dem Jesus hinterherlaufen? Ich kümmere mich jetzt um die, die Aussatz haben. Für was anderes bleibt mir keine Zeit.
Reporter/in:	Tja, vielen Dank erstmal. Da haben wir ja einiges gehört von Ihnen. Sie hatten ganz verschiedene Gründe, dass Sie sich nicht bei Jesus bedankt haben. Das ist uns jetzt klar geworden.
	Und ich glaube, das kennen wir auch. Oft bringen wir unsere Dankbarkeit gar nicht zum Ausdruck. Hunderttausend Sachen kommen dazwischen. Der Anruf wird verschoben, zum Briefschreiben ist keine Zeit, aus dem »Da-muss-ich-mal-vorbeigehen« wird nie was. Sie haben uns daran erinnert, dass wir hin und wieder überlegen könnten:
	Wem bin ich dankbar? Wofür? Bei wem würde ich mich eigentlich gerne bedanken?
	Ihnen, den Geheilten, auf jeden Fall vielen Dank für Ihre Ehrlichkeit und Ihr offenes Wort! Und alles Gute für Ihre Zukunft!

Cäcilia Branz/Junge-Kirche-Team Reutlingen

38. Die Heilung des Mannes mit der verdorrten Hand

Art des Rollenspiels:	Altersstufe:
Spielszene mit verteilten Rollen	Jüngere Kinder
Mitspielende Personen: mind. 6 Erzähler/in Jesus Mann mit der verdorrten Hand 2 Gelehrte Menschen in der Synagoge	**Requisiten:** Handschuh Evt. Umhang, um Jesus kenntlich zu machen
Mögliche Themen: Krankheit – Heil werden Nächstenliebe Sabbat	**Bibelstelle:** Mk 3,1–5: Die Heilung eines Mannes am Sabbat

Erzähler/in: Eines Tages ging Jesus in die Synagoge. Dort saßen einige Menschen und beteten zu Gott. Jesus setzte sich zu ihnen. Da kam ein Mann auf ihn zu, dessen Hand verdorrt war.

Mann: Nichts mehr kann ich mit meiner Hand tun: nichts anfassen, keinen Menschen streicheln, keinem anderen mehr aufmunternd auf die Schulter klopfen, keinen anderen tröstend in den Arm nehmen.

Der Mann zeigt seine kranke, untätige Hand (mit dem Handschuh).

Erzähler/in: Der Mann litt sehr unter seiner Krankheit. Er hielt seine Hand Jesus entgegen und fragte ihn:

Mann: Kannst du mich heilen?

Der Mann kniet sich vor Jesus hin.

Erzähler/in: Die Menschen in der Synagoge blickten auf Jesus.

1. Gelehrter: Es ist doch Feiertag.

2. Gelehrter: Nach dem Gesetz ist es nicht erlaubt, an einem Feiertag zu arbeiten.

1. Gelehrter: Hilft Jesus dem Mann trotzdem?

Erzähler/in: Jesus stand auf. Er schaute die Leute der Reihe nach an.

Die Menschen erschraken. Sie spürten, dass Jesus in ihr Herz sah, ein Herz, das neidisch und kleinlich war.

Jesus steht auf und geht an den anderen vorbei. Er schaut jeden lange an. Vor dem Mann bleibt er stehen.

Jesus: Steh auf und komm her!

Der Mann steht auf.

Jesus: Darf man an einem Feiertag Gutes tun? Dieser Mann leidet schon lange Zeit. Heute soll er heil werden.

Erzähler/in: Und Jesus streckte seine Hand dem Mann entgegen. Der Mann aber ergriff die Hand Jesu und merkte, welche Kraft von ihr ausging. Wärme und Energie strömte in seine eigene Hand. Er konnte seine Finger wieder spüren und bewegen.

Jesus ergreift die Hand des Mannes und zieht ihm den Handschuh aus. Der Mann bewegt seine Finger.

Jesus: Gehe nun, deine Hand ist wieder gesund.

Claudia Schmidt

39. Die Heilung des blinden Bartimäus

Art des Rollenspiels:	Altersstufe:
Spielszene mit verteilten Rollen	Jüngere Kinder

Mitspielende Personen: mind. 7	Requisiten:
Erzähler/in	Augenbinde
Jesus	Mantel
Bartimäus	
Mann	
Frau	
Viele	

Mögliche Themen:	Bibelstelle:
Krankheit – Heil werden	Mk 10,46–52: Die Heilung des blinden
Wunder	Bartimäus
Jesus	
Sehen	

Erzähler/in: Eines Tages verlässt Jesus mit seinen Jüngern die große Stadt Jericho. Viele Menschen gehen mit ihm.

Jesus geht entlang, wird aber von den anderen umringt.

An der Straße nahe beim Stadttor sitzt ein Mann namens Bartimäus. Er ist blind. Die Menschen beachten ihn nicht. Doch er weiß, dass Jesus an seinem Platz vorbeikommen wird. Und er möchte unbedingt mit ihm sprechen. Deshalb ruft er Jesus schon von Weitem laut zu:

Bartimäus: *(laut)* Jesus, hab' Erbarmen mit mir! Jesus, hab' Erbarmen mit mir!

Erzähler/in: Die Menschen sind ärgerlich, weil Bartimäus so laut ruft. Sie wollen den blinden Mann zum Schweigen bringen.

Mann: Halte deinen Mund, Bartimäus. Keiner will dich hören, Jesus schon gar nicht.

Erzähler/in: Aber Bartimäus lässt sich nicht einschüchtern. Er will unbedingt, dass Jesus auf ihn aufmerksam wird. Daher schreit er noch viel lauter:

Bartimäus: Jesus, hab' Erbarmen mit mir!

Erzähler/in:	Da hört Jesus sein Schreien, und er bleibt augenblicklich stehen. Er fragt:
Jesus:	Wer ist dieser Mann, der so laut um Hilfe ruft?
Frau:	Ach der, das ist nur Bartimäus. Geh schnell weiter, sonst kommt er noch her.
Erzähler/in:	Doch Jesus möchte den kennenlernen, der so auf seine Hilfe hofft.
Jesus:	Ich möchte ihn sehen. Ruft ihn herbei.
Erzähler/in:	Da rufen die Menschen Bartimäus zu:
Viele:	Komm schnell, Jesus ruft dich!
Erzähler/in:	Bartimäus wirft vor Freude seinen Mantel weg und geht so schnell er kann auf Jesus zu. Jesus kommt ihm entgegen. Er legt seine Hand auf die Schulter des Blinden und sagt:
Jesus:	Ich bin Jesus. Du hast nach mir gerufen. Was möchtest du von mir?
Erzähler/in:	Da wird Bartimäus ganz aufgeregt. So lange schon ist er blind. Aber er hat die Hoffnung noch nicht aufgegeben. Er weiß, wenn einer ihm helfen kann, dann ist es Jesus. Er nimmt all seinen Mut zusammen und sagt laut und deutlich:
Bartimäus:	Ich möchte wieder sehen können. Bitte, Jesus, hilf mir!
Erzähler/in:	Die Umstehenden lachen. Wie soll einer, der blind ist, wieder sehen können? Doch Jesus bleibt ernst. Liebevoll sieht er Bartimäus an. Dann sagt er:
Jesus:	Geh. Du sollst wieder sehen können. Denn dein Glaube ist groß.
Erzähler/in:	In diesem Augenblick kann Bartimäus wieder sehen. *(Nimmt sich die Augenbinde ab.)* Er reibt sich verwundert die Augen. Wie hell das Licht ist! Und Bartimäus tanzt vor Freude. Er ist wieder gesund! So lange hat er darauf gewartet. Sofort weiß Bartimäus, was er jetzt tun wird.

Bartimäus:	Jesus, du hast mich heil gemacht. Ab heute möchte ich mit dir gehen und dein Jünger sein.
Jesus:	Ich freue mich darüber. Komm mit!
Erzähler/in:	Und so geht Bartimäus und folgt Jesus nach.

Claudia Schmidt

40. Die Heilung einer Frau am Sabbat

Art des Rollenspiels:	Altersstufe:
Spielszene mit verteilten Rollen	Jüngere Kinder / ältere Kinder

Mitspielende Personen: mind. 7	Requisiten:
Frau mit gekrümmtem Rücken (größeres Kind)	Buchrolle(n)
Jesus	
Synagogenvorsteher	
1–2 Schriftgelehrte (mit Buchrolle)	
2 Kinder	
Lektor (= Verkünder des Evangeliums)	
Synagogenbesucher (= alle Anwesenden)	

Mögliche Themen:	Bibelstelle:
Krankheit – Heil werden	Lk 13,10–17: Die Heilung einer Frau am Sabbat
Glaube	
Kraft	

Hinweise:
Folgendes gilt grundsätzlich für das Rollen-
spiel:
• Die Handlung ist wichtiger als das Wort.
• Im Gottesdienst liest der Lektor wie gewohnt
vom Ambo.

Einteilung des Ortes:

Der ganze Raum stellt die Synagoge dar. Das bedeutet: Jeder im Raum spielt mit. Es gibt ein »vorn« wie z. B. der Altarraum in der Kirche und ein »hinten« wie z. B. der Eingangsbereich. Die Verbindung zwischen beiden Bereichen wird als Weg der Frau genutzt, die sich zu Beginn des Evangeliums im hinteren Bereich aufhalten muss. Jesus befindet sich als Lehrender im vorderen, für alle sichtbaren Bereich.

Vorstellen der vorkommenden Personen:

Die Frau mit krummem Rücken kommt vor, bleibt stehen. Ein kleineres Kind kommt hinzu.

Kind 1:   Was ist denn mit dir? Warum hast du so einen krummen Rücken?

Frau:	Das weiß ich nicht. Ich habe schon seit 18 Jahren diesen krummen Rücken.
Kind 1:	Oh, schon so lange! Tut dir dein Rücken denn weh?
Frau:	Wenn ich den Kopf normal halte, geht es. Aber den Kopf drehen, nach oben schauen, das kann ich nur für kurze Zeit.
Kind 1:	Deshalb guckst du die Leute nie an! Du weißt ja nie so richtig, wie es den anderen geht, wenn du ihnen nicht ins Gesicht schaust, oder?
Frau:	Daran habe ich mich gewöhnt. Für die anderen ist es ja auch schwierig, mir in die Augen zu schauen. Ich sehe vor allem ihre Füße und ein paar Meter vom Erdboden.
Kind 1:	Du bist ja auch meistens allein … Irgendwie gehörst du in unser Dorf, alle kennen dich, »die Frau mit dem krummen Rücken«, aber niemand weiß mehr von dir.
Frau:	Das stimmt. Mein Rücken ist ihnen wichtiger als mein Name, als ich selbst. Kaum einer kennt ihn.
Kind 1:	Und mit dem Rücken kannst du nicht die Äpfel im Baum sehen, keinen Drachen steigen lassen, dir die Sonne nicht ins Gesicht scheinen lassen …
Frau:	Du hast recht. Ich kann den Himmel nicht sehen. Doch nun muss ich weiter, ich will noch in die Synagoge. Außerdem tut mein Nacken schon weh.

Die Frau geht langsam nach hinten, bleibt stehen.
Nun kommen der Synagogenvorsteher und die Schriftgelehrten mit den Buchrollen vorbei.

Kind 1:	Geht ihr auch in die Synagoge?
Synagogenvorsteher:	So, wie wir das immer tun. Es ist wichtig, dass wir uns um Gottes Willen kümmern und dass wir die Gesetze Gottes beachten. Komm ruhig mit in die Synagoge!

Der Synagogenvorsteher und die Schriftgelehrten setzen sich unter die Leute. Ein weiteres Kind kommt.

Kind 2: Auf, komm mit in die Synagoge – ich habe gehört, dass dieser Jesus aus Nazaret da ist. Weißt du, der, der Menschen heil gemacht hat und so anders von Gott redet. Vielleicht legt er ja heute die Schrift aus! Komm mit, dann sehen wir ihn auch einmal!

Beide Kinder setzen sich unter die Leute.

Evangelium: Lk 13,10–17

(Das Evangelium wird vorgelesen, die Geschichte parallel dazu gespielt, die wörtliche Rede wird von der jeweiligen Person selbst gesprochen.)

Jesus stellt sich in einer Lehrhaltung vor die Menschen.

Lektor/in: Am Sabbat lehrte Jesus in einer Synagoge.
Dort saß eine Frau, die seit 18 Jahren krank war, weil sie von einem Dämon geplagt wurde; ihr Rücken war verkrümmt, und sie konnte nicht mehr aufrecht gehen.
Als Jesus sie sah, rief er sie zu sich.

Jesus: Komm! Ja, du Frau mit dem krummen Rücken – komm zu mir!

Mit einer Geste winkt er die Frau zu sich, die Frau kommt vor.

Lektor/in: Er sagte:

Jesus: Du bist von deinem Leiden erlöst.

Jesus geht in die Hocke, kann ihr so in die Augen schauen, legt ihr die Hand auf den Rücken.

Lektor/in: Und er legte ihr die Hände auf. Im gleichen Augenblick richtete sich die Frau auf und pries Gott.

Frau: Gott ist groß! Gott ist voller Liebe. Bei ihm ist Heil!

Die Frau richtet sich auf, erhebt dann die Hände.

Lektor/in: Der Synagogenvorsteher aber war empört darüber, dass Jesus am Sabbat heilte.

Der Synagogenvorsteher steht zusammen mit den Schriftgelehrten von seinem Platz auf und ruft laut zum Volk:

Bibelgeschichten

Synagogenvorsteher: Sechs Tage sind zum Arbeiten da. Kommt also an diesen Tagen und lasst euch heilen, nicht am Sabbat!

Lektor/in: Doch Jesus erwiderte ihm:

Jesus: Führt nicht jeder von euch auch am Sabbat seine Tiere zur Tränke, damit sie nicht Durst leiden? Diese Frau unseres Volkes aber sollte nicht am Sabbat von ihrem Leiden befreit werden dürfen?

Die Gegner setzen sich still hin. Die beiden Kinder stehen, stellvertretend für das Volk, auf.

Kind 1: Ich bin froh, dass es der Frau endlich gut geht!

Kind 2: Ich auch!

Eventuell jubeln und klatschen sie.

Susanne Hepp-Kottmann

41. Die Heilung des Taubstummen

Art des Rollenspiels:	Altersstufe:
Leseszene mit pantomimischem Spiel	Jüngere Kinder
Mitspielende Personen: mind. 6 Jesus Der Taubstumme Jünger Kranke	**Requisiten:** Evt. Verbände, Krücken o. Ä.
Mögliche Themen: Krankheit – Heil werden Hören Offenheit	**Bibelstelle:** Mk 7,31–37: Die Heilung des Taubstummen

Jesus wanderte mit seinen Jüngern am See Genesaret entlang. Immer wieder brachten die Leute kranke Menschen zu ihm, damit er sie heilte.

Jesus geht mit seinen Jüngern umher. Zu ihm kommen Kranke. Das können die Kinder mit Armverbänden, einer Krücke o. Ä. darstellen. Jesus berührt sie, und sie können plötzlich wieder fröhlich weggehen.

Eines Tages brachte man einen Taubstummen zu ihm, also einen Mann, der weder hören noch reden konnte.

Der Taubstumme stellt sich vor Jesus hin. Er berührt mit seinen Händen die Ohren und den Mund.

Viele Jahre schon litt er an seiner Behinderung. Keinem Menschen konnte er sagen, was ihn bewegte. Kein Mensch konnte ein gutes Wort zu ihm sprechen. So lebte dieser Mann abgeschieden und war von jeglichem Kontakt abgeschnitten.

Der Taubstumme verschränkt die Arme vor dem Oberkörper.

Jesus nahm den Mann beiseite und ging mit ihm an einen ruhigen Ort.

Jesus und der Taubstumme gehen zur Seite.

Jesus schaute den Taubstummen lange an. Dann legte er ganz behutsam seine Hände auf die Ohren des Mannes und berührte ihr Inneres mit seinen Fingerspitzen.

Jesus legt seine Hände auf die Ohren des Taubstummen.

Auch die Zunge des Mannes berührte er.

Jesus berührt den Mund des Taubstummen.

Schließlich schaute Jesus zum Himmel empor, betete und sagte dann zu dem Mann: »Effata.« Das heißt übersetzt: »Tu dich auf!«

Jesus schaut nach oben und streckt beim Wort »Effata« die Hände weit geöffnet nach oben.

Der Taubstumme spürte, wie etwas von ihm abfiel.

Der Taubstumme breitet ebenfalls die Arme aus.

Kein Mensch hatte ihm je so viel Zuwendung geschenkt. Kein Mensch hatte ihn je so behutsam berührt. Kein Mensch hatte ihn so wertschätzend angeblickt. Er fühlte sich lebendig und frei wie nie zuvor.

Der Taubstumme dreht sich einmal fröhlich im Kreis herum.

Dann merkte er, dass er plötzlich hören konnte. Er nahm alle Geräusche und Stimmen um sich herum wahr.

Der Taubstumme hält die Hände an die Ohren und blickt staunend umher.

Und in seinem Inneren formten sich plötzlich Worte, die leicht über seine Zunge kamen.

Der Taubstumme bewegt die Lippen.

»Danke,« sagt er zu Jesus, »durch dich bin ich heil geworden. Ich danke dir von Herzen.«

Der Taubstumme streckt Jesus die Hand entgegen und schüttelt sie.

Dann lief der Mann eilends weg. Die anderen sollten sehen, dass er nicht mehr behindert war, sondern dass er nun sprechen und hören konnte wie jeder andere auch.

Der Taubstumme läuft schnell weg.

Die Menschen staunten und bewunderten, was Jesus vollbracht hatte. Sie sagten: »Er hat alles gut gemacht. Er macht, dass die Tauben hören und die Stummen sprechen.«

Die anderen umringen Jesus und klopfen ihm auf die Schulter.

Claudia Schmidt

42. Die Salbung von Betanien

Art des Rollenspiels:	Altersstufe:
Spielszene mit verteilten Rollen	Jüngere Kinder

Mitspielende Personen: mind. 7	Requisiten:
Erzähler/in	Verschiedenfarbige Umhänge für Lazarus, Je-
Lazarus	sus und Judas
Freunde (Statisten)	Schürze für Marta
Judas	Kleiner Tisch
Marta	Becher, Krug und Teller
Maria	Fläschchen mit Flüssigkeit (Öl)

Mögliche Themen:	Bibelstelle:
Liebe	Joh 12,1–8: Die Salbung von Betanien
Freundschaft	
Neid	
Geiz	

Erzähler/in: Eines Tages kam Jesus in das Dorf Betanien. Dort wohnte ein Freund von ihm, der Lazarus hieß. Die beiden begrüßten sich und freuten sich sehr, einander endlich wiederzusehen.

Lazarus und Jesus umarmen sich.

Lazarus: Ich freue mich so, dich zu sehen, Jesus! Sei heute mein Gast. Komm mit ins Haus. Meine Schwestern haben sicherlich etwas zu trinken und zu essen für dich.

Erzähler/in: Lazarus lud Jesus ins Haus ein. Dort waren einige seiner Freunde und Bekannten versammelt. Unter ihnen war auch Judas, ein Jünger Jesu, der ihm sogleich zunickte.

Judas nickt Jesus zu.

Erzähler/in: Jesus nahm am Tisch Platz. Marta, die Schwester des Lazarus, eilte herbei und brachte ihm zu trinken und zu essen.

Marta bringt Becher und Krug sowie einen Teller und stellt sie auf den Tisch.

Marta: Jesus, schön dass du mal wieder bei uns zu Gast bist! Ich habe Gutes gekocht. Gleich bringe ich dir etwas. Du musst hungrig sein.

Erzähler/in:	Plötzlich betrat Maria, die Schwester von Marta und Lazarus und gleichzeitig eine gute Freundin von Jesus, den Raum. Sie hatte gehört, dass Jesus zu Gast im Haus war und freute sich sehr. Sie ging auf Jesus zu. In der Hand hielt sie eine Flasche mit kostbarem Öl.

Maria geht auf Jesus zu. Sie hat das Fläschchen bei sich.

Maria:	Jesus, ich freue mich so, dass ich dich sehe. So lange habe ich gewartet, dass du wieder in unser Haus kommst.
Erzähler/in:	Maria sah Jesus an. Sie kniete sich vor ihm nieder, nahm seine Füße und salbte sie mit dem teuren Öl. Das ganze Haus wurde von wohlriechendem Duft erfüllt. Jesus ließ gerne geschehen, was Maria tat. Die anderen aber staunten und verwunderten sich sehr.

Während Maria Jesus die Füße salbt, stoßen die anderen einander mit den Ellbogen an und flüstern miteinander.

Erzähler/in:	Judas schließlich ergriff das Wort und wandte sich an Jesus.
Judas:	Warum tut sie das? Das teure Öl! Was für eine Verschwendung! Maria hätte das Öl besser für viel Geld verkauft und den Erlös den Armen gegeben.
Erzähler/in:	Jesus sah Judas nur mitleidig an. Er sagte:
Jesus:	Es gibt Tage, da ist es wichtig, an die Armen zu denken und ihnen Geld zu schenken. Es gibt aber auch Momente, in denen möchte man einem Menschen zeigen, dass man ihm sein Herz schenkt. Maria hat mir in diesem Moment ihre Liebe geschenkt. Dies wird mich bestärken für den Weg, den ich bald gehen muss. Lass sie also in Ruhe.
Erzähler/in:	Nach diesen Worten ging Judas beschämt weg. Jesus aber freute sich an der Freundschaft, die ihn mit Maria, Marta und Lazarus verband.

Claudia Schmidt

43. Die Vertreibung der Händler aus dem Tempel

Art des Rollenspiels:	Altersstufe:
Spielszene mit verteilten Rollen	Ältere Kinder

Mitspielende Personen: 5	Requisiten:
Erzähler/in	keine
Andreas	
Petrus	
Jakobus	
Philippus	

Mögliche Themen:	Passende Bibelstelle:
Gott	Mk 11,15–19: Die Tempelreinigung
Wut	
Jesus	

Erzähler/in: Das Paschafest der Juden ist nahe. Die Jünger, die mit Jesus nach Jerusalem gekommen sind, hatten ein merkwürdiges Erlebnis. Sie sind noch ganz erschrocken und unterhalten sich miteinander über das, was geschehen ist.

Andreas: Meine Güte, war Jesus vorhin wütend. Der hat ja richtig getobt!

Petrus: So habe ich ihn noch nie gesehen. Er hat alle Tische im Tempel umgeworfen und die Geldbeutel ausgeleert. Alle Tiere und Menschen sind durcheinandergerannt.

Jakobus: Warum nur hat er das gemacht? Habt ihr eine Ahnung?

Philippus: Nein, ich verstehe es nicht. Aber irgendetwas hat Jesus richtig verletzt. Sonst wäre er nicht so wütend geworden.

Petrus: Er hat gesagt, dass die Händler das Haus seines Vaters nicht zu einer Markthalle machen sollen.

Andreas: Komisch, denn im Tempel ist es eben so bunt und so laut. Da werden Opfertiere verkauft und geschlachtet. Das war schon immer so.

Jakobus: Ich glaube, Jesus möchte, dass wir Gott anders sehen. Vielleicht will Gott gar keine solchen Opfer. Jesus sagt immer, wir sollen zu Gott im Stillen beten. All der Lärm macht uns nur taub.

Andreas: Das stimmt ja auch. Immer, wenn wir mit Jesus beten, wird es in mir ruhig und friedlich. Es ist so schön, wenn wir zu Gott »Vater« sagen dürfen. Seit ich mit Jesus ziehe, ist meine Beziehung zu Gott eine ganz andere geworden.

Petrus: Du hast recht. Der große Betrieb im Tempel hat mit dem Gott Jesu eigentlich nicht viel zu tun. Da sind nur all die Menschen, die ihr Geld machen wollen und die sich für Gott gar nicht interessieren.

Philippus: Die Hohenpriester jedenfalls sind richtig sauer auf Jesus. Sie leben davon, dass die Menschen Opfertiere kaufen. Ich befürchte, dass sie Jesus nun bald gefangen nehmen.

Jakobus: Ich habe auch langsam Angst um Jesus. Hoffentlich bringt er sich bald in Sicherheit!

Claudia Schmidt

44. Selig

Art des Rollenspiels:	Altersstufe:
Lesetext mit verteilten Rollen	Ältere Kinder
Mitspielende Personen: 3	**Requisiten:**
A, B, C	keine
Mögliche Themen:	**Bibelstelle:**
Glück	Mt 5,3–12: Die Seligpreisungen
Armut	
Jesus	

Hinweise:

In diesem Lesetext werden die Seligpreisungen für Kinder erschlossen. Dabei kann ein Kind den jeweiligen Satz der Bibel vorlesen (A), dann liest ein anderes Kind die Anmerkungen bzw. Fragen dazu (B). Am besten wird die darauffolgende Erklärung (C) durch einen Erwachsenen übernommen.

A: Selig, die arm sind, denn ihnen gehört das Himmelreich.

B: Warum sollen die glücklich sein, die arm sind? Es ist doch schlimm, wenn man kein Geld hat!

C: Wir alle sind gefragt, dass die, die arm sind, nicht am Rande stehen. Wenn sie unsere Hilfe erfahren, wenn sie erleben, dass uns ihr Schicksal nicht egal ist, dann ist das Reich Gottes ganz nahe.

A: Selig die Trauernden, denn sie werden getröstet werden.

B: Wenn Gott mich doch auch trösten würde, wenn ich traurig bin. Das fände ich schön!

C: Gott tröstet vor allem durch Menschen, die den Traurigen beistehen. Vielleicht hast du das auch schon erlebt, dass dich jemand in den Arm genommen hat, als du geweint hast. Das tut so gut. Wir können dem, der traurig ist, zeigen, dass wir ihn lieb haben. Dann wird er bald wieder lachen können.

A: Selig, die hungern und dürsten nach der Gerechtigkeit, denn sie werden satt werden.

B: Was ist denn Gerechtigkeit?

C: Gerechtigkeit tritt dann ein, wenn alle Menschen das zum Leben haben, was sie brauchen. Keiner nimmt sich etwas auf Kosten eines anderen. Jesus möchte, dass wir nach diesem Grundsatz leben. Denn nur dann können alle Menschen glücklich sein.

A: Selig, die ein reines Herz haben, denn sie werden Gott schauen.

B: Ich glaube, ein reines Herz ist ein Herz, das sich nichts Böses ausdenkt.

C: Ganz genau. Jesus weiß, dass wir immer wieder böse Gedanken in unserem Herzen tragen, auch wenn wir nach außen hin nichts davon zeigen. Und Jesus weiß, dass diese Gedanken Schlimmes anrichten. Sie prägen uns, sie beeinflussen alles, was wir tun. Wenn wir auf Gott schauen, können wir das Böse aus unserem Herzen verbannen.

A: Selig, die Frieden stiften. Sie werden Kinder Gottes genannt werden.

B: Frieden gelingt ja doch nicht. Es ist immer irgendwo auf der Welt Krieg.

C: Frieden fängt im Kleinen an. Schon da fällt er schwer: Wenn wir Rücksicht nehmen sollen, wenn wir auf etwas verzichten sollen, was ein anderer braucht, wenn wir jemandem vergeben sollen. Doch überall dort, wo wir kleine Schritte zum Frieden hin tun, helfen wir mit, dass Gottes Friedensreich unter uns Gestalt annimmt.

A: Selig seid ihr, wenn ihr um meinetwillen beschimpft werdet. Freut euch und jubelt, euer Lohn im Himmel wird groß sein.

B: Ich bin noch nie für Jesus beschimpft worden.

C: Aber es gibt Menschen auf unserer Welt, die verfolgt und sogar getötet werden, weil sie Christen sind. Und vielleicht erleben auch wir es manchmal, dass andere uns belächeln, weil wir bekennen, dass wir an Jesus Christus glauben. Dann dürfen wir wissen: Gott stärkt uns den Rücken, er steht zu uns, was auch kommt.

Claudia Schmidt

Themen

45. Gott macht keinen Urlaub

Art des Rollenspiels:	Altersstufe:
Interview	Ältere Kinder / Jugendliche
Mitspielende Personen: 7	**Requisiten:**
Reporter/in	Mikrofon(-attrappe)
5 Kinder/Jugendliche (J 1 – J 5)	Evtl. Länder-Flaggen
Paulus	Gewand für Paulus
Mögliche Themen:	
Ferien	
Erholung	
Reisen des Paulus	

Reporter/in:	Guten Tag. Ich bin vom Radio »N.N.« und mache eine Umfrage mit Urlaubern. Wohin fährst denn du zum Beispiel?
J 1:	Ich fahre nach Italien.
Reporter/in:	Freust du dich auf den Urlaub?
J 1:	Ja, denn ich habe in Italien viele Verwandte. Es ist schön, wenn ich die alle mal wieder treffe. Ich bin froh, dass ich dann mal wieder andere Leute sehe als sonst.
Reporter/in:	Und wo machst du Urlaub?
J 2:	Ich werde nach Polen fahren, denn meine Eltern stammen von dort.
Reporter/in:	Worauf freust du dich denn am meisten?
J 2:	Darauf, dass ich zwei Wochen lang mit meiner Familie unterwegs bin. Denn meistens haben meine Eltern ja nur am Wochenende Zeit. Und außerdem lerne ich mal ein anderes Land kennen.
Reporter/in:	Welches Urlaubsland stellt denn deine Fahne dar?
J 3:	Das ist Holland.

Reporter/in:	Wie kommt es, dass du nach Holland fährst?
J 3:	Wegen der Nordsee. Die Meeresluft ist nämlich sehr gesund. Und weil ich Heuschnupfen habe, kann ich die Ferien endlich dazu nutzen, vor dem dauernden Niesen zu fliehen.
Reporter/in:	Und du bleibst offensichtlich in Deutschland!
J 4:	Ja. Ich werde einfach mal zuhause bleiben und nichts tun – keine Hausaufgaben, nicht auf irgendwelche Arbeiten lernen und vor allem ausschlafen.
Reporter/in:	Und das machst du sechs Wochen lang?
J 4:	Nein, ich gehe auch noch zwei Wochen mit auf die Kinderfreizeit der Kirchengemeinde. Das wird bestimmt lustig, weil da alle in meinem Alter sind und die Eltern nicht mitgehen dürfen.
Reporter/in:	Was ist denn dein Reiseziel?
J 5:	Frankreich – Südfrankreich, um genau zu sein.
Reporter/in:	Und wie ich sehe freust du dich auch schon mächtig.
J 5:	Natürlich! Endlich frei. Nichts tun müssen. Sonne, Strand und Meer. Einfach genießen und abschalten. Ich bin froh, einmal aus dem Alltag rauszukommen und meine Ruhe von allem zu haben.
Reporter/in:	Jetzt würde mich ja wirklich interessieren, was eigentlich Gott macht, wenn wir in den Ferien sind. Ob er auch Urlaub macht? Fragt sich nur, wie ich das herausbekommen kann. Hm ...! Ja genau! Ich müsste einen Christen fragen, der viel auf Reisen war. Der könnte dann vielleicht sagen, wie er das mit Gott erlebt hat. Wenn ich mich recht erinnere, gab's doch da einen bei den ersten Christen, der ganz oft herumgereist ist. Er hat viele Gemeinden in anderen Ländern gegründet. Und er hat Jesus nicht mehr persönlich gekannt. So steht es in der Bibel. Wie hieß der denn doch gleich ...?

Themen

Ich hab's! Das war der heilige Paulus! Den werde ich fragen. Er ist genau der richtige Mann!

Paulus tritt auf.

Reporter/in: Guten Tag, Herr Paulus! Eben habe ich von Ihnen gesprochen. Ich hätte da ein paar wichtige Fragen!

Paulus: Na, dann schießen Sie mal los!

Reporter/in: Ich hatte eben überlegt, ob Gott auch Ferien macht.

Paulus: Wie kommen Sie denn darauf? Das ist ja lustig! Das würde ja heißen, Gott hat die Nase voll von den Menschen und muss sich von Ihnen erholen. Das ist aber nicht so!

Reporter/in: Warum sind Sie sich denn da so sicher?

Paulus: Weil ich selbst viel herumgekommen bin. Ich war z.B. in Israel, in Griechenland, auf der Insel Kreta, in der Türkei und in Italien. Auf diesen Reisen habe ich den Menschen von Jesus erzählt und immer wieder alte Bekannte besucht. Ich kann Ihnen versprechen: auf jeder Reise habe ich gespürt und erfahren, dass Gott immer bei mir ist. Er hat mich nie im Stich gelassen.

Reporter/in: Gilt denn das auch noch für uns heute? Passt Gott immer auf uns auf, egal wo wir sind? Können wir uns auf ihn verlassen?

Paulus: Aber natürlich! Gott begleitet die Menschen, weil er will, dass es ihnen gut geht. Außerdem hat Jesus vor seinem Tod ganz deutlich gesagt, dass er alle Tage unseres Lebens bei uns sein wird. Das können Sie in der Bibel nachlesen. Er hat die Jünger sogar beauftragt, dieses Versprechen weiterzusagen. Also gilt es auch noch heute!

Reporter/in: Das ist ja klasse. Es ist gut zu wissen, dass Gott uns nicht vergisst. Und ich will mich bemühen, auch ihn in den Ferien nicht zu vergessen.

Paulus: Das finde ich schön, denn eines ist sicher: Gott macht keinen Urlaub!

Ulrich Müller-Elsasser

46. Freundschaft

Art des Rollenspiels:	Altersstufe:
Interview	Ältere Kinder / Jugendliche
Mitspielende Personen: 5	**Requisiten:**
Reporter/in	Mikrofon (-attrappe)
4 Jugendliche	
Mögliche Themen:	
Freundschaft	
Vertrauen	
Liebe	
Ehrlichkeit	
Treue	

Reporter/in: Hallo, grüß Gott! Ich komme von der Bravo-Redaktion. Und ich würde gerne einige Statements haben, was ihr denn unter Freundschaft versteht. Freundschaft ist ja in aller Munde. Aber mich würde interessieren: Was ist euch denn wichtig, wenn ihr euch mit jemandem anfreundet?

Jugendliche/r 1: Am wichtigsten ist mir das Vertrauen. Ohne Vertrauen ist keine Freundschaft möglich. Wichtig finde ich auch, dass meine Freundin immer ehrlich zu mir ist, egal, ob es bequem ist oder nicht. Ich muss mich darauf verlassen können, dass sie mir immer die Wahrheit sagt und mir nichts verschweigt.

Reporter/in: Gut, das sind ja schon zwei ganz zentrale Dinge. Und wie steht es bei dir? Was ist dir in einer Freundschaft wichtig?

Jugendliche/r 2: Ich muss meinem Freund etwas anvertrauen können, was mich beschäftigt, ohne dass er es weitererzählt. Es ist schlimm, wenn ich merke, dass meine ganz privaten Gedanken und Gefühle vor anderen ausgebreitet werden. Die machen sich dann vielleicht noch lustig darüber. Ich würde sofort Schluss machen mit meinem Freund, wenn er so eine Klatschbase wäre. Außerdem finde ich es wichtig, dass wir miteinander über alles reden können. Es darf nichts geben, was zu peinlich ist, was ich verstecken muss.

Jugendliche/r 3: Da stimme ich dir voll zu! Freundschaft heißt für mich übrigens auch, dass ein anderer hilfsbereit und nett ist. Er soll verantwortungsbewusst mit mir umgehen und mich immer respektieren. Außerdem muss eine Freundin unbedingt treu sein. Sie darf sich nicht morgen schon einen anderen Freund suchen.

Reporter/in: Das sind ja schon eine Menge Hinweise, was alles zu einer Freundschaft gehört! Klingt gar nicht so leicht, das einzuhalten. Gibt es noch etwas, das du ergänzen möchtest?

Jugendliche/r 4: Mir ist wichtig, dass ein Freund ähnliche Interessen hat wie ich. Dann ist es leichter, zusammen die Freizeit zu verbringen. Ich möchte mit Freunden vor allem viel Spaß haben.

Reporter/in: Vielen Dank für das Gespräch! Und alles Gute für euch! Hoffentlich habt ihr immer so gute Freunde, wie ihr sie beschreibt!

Claudia Schmidt

47. Aneinander vorbeireden

Art des Rollenspiels:	Altersstufe:
Spielszene mit verteilten Rollen	Jugendliche / junge Erwachsene
Mitspielende Personen:	Requisiten:
2 Personen (A und B)	keine
Mögliche Themen:	Passende Bibelstellen:
Hören	Apg 2,1–13: Pfingsterzählung
Offenheit	Gen 11,1–9: Sprachverwirrung in Babel

A   Ja hallo, wo kommst du denn her.

B   Ich habe mir das Knie verrenkt. Und jetzt komme ich gerade vom Arzt, der hat ...

A   Apropos Arzt: ich bin ja erst seit vier Tagen vom Urlaub zurück. Da war auch einer vom Roten Kreuz in der Reisegruppe. Das war nicht schlecht, denn am Strand in Südfrankreich gab's 'ne Menge Feuerquallen. Mann, wenn dich da eine erwischt hat ... das waren Schmerzen.

B   Ja, Schmerzen hatte ich auch ziemlich heftig. Denn ich hatte 'nen Fahrradunfall. Ich kann dir sagen: das war 'ne ganz böse Geschichte!

A   Geschichten haben wir uns in der Reisegruppe auch 'ne Menge erzählt. Da erfährst du so manches, wenn jeder mal auspackt, was in der Schule oder im Job so läuft.

B   Ich frag mich manchmal ernsthaft, wie sich die Leute ihren Job raussuchen. Denn als ich meinem Arzt die Sache erzählte, hat der mich zuerst überhaupt nicht untersucht, sondern nur an seinem PC rumgetippt.

A   Auf die Computer sollte man sich heute nicht verlassen. Das habe ich schon beim Abflug in Frankfurt gesagt. Da gab's Computerprobleme und somit hatten alle Flüge Verspätung. Wir mussten ewig warten.

B   Das musste ich auch, denn nach der Röntgenaufnahme hat der Arzt mich erst mal ins Wartezimmer geschickt, und da saß ich dann solange rum, dass ich alle Zeitschriften durchlesen konnte.

A	Wir haben auch Zeitschriften bekommen, als es dann endlich mit dem Flieger losging, denn wir durften dann wegen der Warterei Business-Class fliegen. Da gab's dann auch viel besseres Essen als normal.
B	Essen darf ich morgen erst mal gar nix. Denn jetzt will er noch Blut nehmen. Da muss ich dann nüchtern kommen.
A	Nüchtern war'n wir im Urlaub selten. Haha. Jeden Abend eben ein Fläschchen französischen Rotwein und so. Du weißt schon. Es war auf jeden Fall ziemlich lustig.
B	Ich finde die Sache mit meinem Knie wenig lustig, denn das Radfahren kann ich mir erst mal abschminken.
A	Das habe ich zu meiner Freundin auch immer vor dem Baden gesagt: erst mal abschminken vor dem Baden im Meer, sonst finden dich die Quallen noch anziehender. Haha. Oh Mann, ich muss ja los.
B	War schön, dass wir uns mal wieder unterhalten haben.
A	Ja, find ich auch ... Mann, jetzt habe ich ganz vergessen zu fragen, wie es dir geht. Ich habe gesehen, du humpelst ja.
B	Ich muss auch los. Du musst mir beim nächsten Mal noch erzählen, wie dein Frankreichurlaub war. Tschüß.

Ulrich Müller-Elsasser

48. Im Boot

Art des Rollenspiels:	Altersstufe:
Spielszene mit verteilten Rollen	Jüngere Kinder
Mitspielende Personen: 2	**Requisiten:**
2 Kinder	Angedeutetes Boot (z. B. umgestülpter Tisch)
Mögliche Themen:	**Passende Bibelstellen:**
Boot	Mk 4,35–41: Der Sturm auf dem See
	Gen 6–9: Arche Noah

Hinweis:
Dieses Anspiel eignet sich für alle Gottesdienste, in denen in der Bibelstelle ein Boot vor-
kommt. Das Anspiel kann die Einleitung zum
Gottesdienst sein. Je nach Thema kann es auch
leicht abgeändert werden.

Kind 1:   Was ist denn das?

Kind 2:   Ein Boot! Das ist ja cool, ein Boot in einer Kirche! Warum das wohl da steht?

Kind 1:   Keine Ahnung. Aber heute ist doch Gottesdienst, vielleicht hat es ja damit etwas zu tun.

Kind 2:   Aber warum denn ein Boot? Hier ist doch gar kein Wasser. Oder wollen die bis zum Grundwasser graben?

Kind 1:   Glaube ich nicht, dass der Pfarrer das erlauben würde …

Kind 2:   Hm … Sollen wir mal in das Boot hineinsteigen?

Kind 1:   Ja klar, komm, ehe jemand etwas merkt.

Kind 2:   Toll, so ein Boot! Da passen eine Menge Leute rein. Dann kann der eine rudern, der andere hinausschauen, wo es hingeht. Der Dritte richtet das Segel aus. Alleine ist es eher schwierig.

Kind 1:   Ist jedenfalls sehr gemütlich, so ein Boot. Man kann darin sitzen und sich vorstellen, dass man ins weite Meer hinausfährt.

Kind 2:	Ob dieser Kahn das aushalten würde? Wenn dann ein Sturm kommt, was dann?
Kind 1:	Dann müssten wir uns gut festhalten. Und schnell an Land rudern.
Kind 2:	Du, irgendwie habe ich das Gefühl, dass jemand uns zuhört. Ich glaube, wir hauen besser ab.
Kind 1:	Stimmt, ich höre auch Stimmen. Lass uns schnell gehen.

Claudia Schmidt

49. Zuspruch

Art des Rollenspiels:	Altersstufe:
Spielszene mit verteilten Rollen	Jüngere Kinder
Mitspielende Personen: 2	Requisiten:
2 Bienen	Evt. Verkleidung als Bienen
Mögliche Themen:	
Zuspruch	
Zweifel	
Leistung	

Biene 1: Komm, wir brausen noch mal rüber zum Klee auf der Wiese der Grundschule.

Biene 2: Nee, warte mal. Ich muss dir was sagen. Das quält mich schon lange.

Biene 1: Was ist denn los?

Biene 2: Fällt dir das nicht auf? Ich bin so langsam mit dem Pollensammeln, und außerdem habe ich das nie richtig kapiert mit dem Festkleben an den Hinterbeinen. Ich bringe kaum etwas zusammen. Immer wenn ich in den Bienenstock fliege, fühle ich mich von allen beobachtet. Ich habe das Gefühl, die lachen mich alle aus. Ich bin bestimmt keine Biene – ich bin vielleicht eine gelb-schwarze Zebra-Stubenfliege oder eine etwas dunkle Wespe oder was weiß ich, was ich bin.

Biene 1: So ein Quatsch, es gibt keine gelb-schwarze Zebra-Stubenfliege.

Biene 2: Jedenfalls eine Biene bin ich nicht. Da, schau mal, was die Sabine wieder alles anschleppt. *(Verfolgt sie mit dem Finger und den Augen durch die Luft.)* Das ist eine Biene, und was für eine.

Biene 1: Jetzt mal halblang. Eine Biene ist und bleibt eine Biene, egal wie viel Honig sie produziert. Vielleicht bist du nicht die Schnellste, aber du bist eine von uns. Du bist eine Biene!

Biene 2:	Meinst du echt?
Biene 1:	Na klar, da habe ich gar keine Zweifel. Los, und jetzt zeige ich dir das noch mal mit dem Nektar an den Beinen, auf geht's.

Lutz Heidebrecht

50. Spurensuche

Art des Rollenspiels:	Altersstufe:
Spielszene mit verteilten Rollen	Ältere Kinder / Jugendliche

Mitspielende Personen: 3	Requisiten:
Erzähler/in	keine
Gelehrter	
Araber	

Mögliche Themen:	
Suche	
Gott	
Spur	
Glaube	

Erzähler/in:	Ein französischer Gelehrter durchstreifte die Wüste und hatte sich als Führer einige Araber mitgenommen, die sich mit der Wüste und dem Wüstenleben auskannten. Als die Sonne unterging, breiteten die Araber ihre Gebetsteppiche auf dem Wüstenboden aus und beteten.
Gelehrter:	Was machst du da?
Araber:	Ich bete!
Gelehrter:	Zu wem?
Araber:	Zu Gott.
Gelehrter:	Wie kommst du darauf, dass es Gott gibt? Hast du ihn jemals gesehen, betastet, gefühlt?
Araber:	Nein.
Gelehrter:	Dann bist du doch ein Dummkopf, ein Narr!
Erzähler/in:	Sie legten sich schlafen. Am nächsten Morgen, als der Gelehrte aus seinem Zelt kroch, sprach er den Araber an.
Gelehrter:	Hier ist heute Nacht ein Kamel gewesen.
Araber:	Ach, wie kommen Sie denn darauf, dass hier ein Kamel gewesen sein soll? Haben Sie das etwa gesehen, betastet, gefühlt?

Themen

Gelehrter:	Nein.
Araber:	Dann sind Sie aber ein sonderbarer Gelehrter!
Gelehrter:	Aber nein. Schau doch her! Man sieht doch rings um das Zelt die Fußspuren eines Kamels. Da gibt es keinen Zweifel!
Erzähler/in:	Da ging gerade die Sonne auf in all ihrer Pracht. Der Araber wies in ihre Richtung und sagte:
Araber:	Da, schauen Sie doch genau hin: Da sind die Fußspuren Gottes!

Claudia Schmidt (nach einer alten Legende)

51. Der Menschen-Scanner

Art des Rollenspiels:	Altersstufe:
Spielszene mit verteilten Rollen	Jugendliche / junge Erwachsene
Mitspielende Personen: 5	**Requisiten:**
Beamter	Andeutung eines Menschenscanners (z. B. mit
Felix Maier	drei Holzlatten, einem Türrahmen … o. Ä.)
Klara Müller	Computer-Bildschirm
Nils Bauer	
Stimme des Scanners	
Mögliche Themen:	**Passende Bibelstelle:**
Menschenbild	Mk 1,9–11: Taufe Jesu
Werte	

Beamter: Guten Tag! Wenn Sie Ihr Persönlichkeitsprofil erhalten möchten, stellen Sie sich bitte hierhin. Unser Menschenscanner liefert Ihnen vollautomatisch die Bilanz Ihrer Persönlichkeit und Ihres Daseins inklusive Ihres katholisch-kirchlich-moralisch-religiösen Profils.

Die erste Testperson tritt an die angewiesene Stelle und wird gescannt. Der Beamte liest monoton das Ergebnis von einem Bildschirm ab:

Felix Maier, 18 Jahre, Zivildienstleistender, begnadeter Gitarrenspieler und Jongleur.
Bilanz: Sie sind bei Ihren Freunden auf Grund Ihrer Ehrlichkeit sehr beliebt, finanziell ziemlich abgebrannt, bezüglich der Berufswahl ziemlich orientierungslos.
Empfehlung: Pflegen Sie weiterhin Ihre nette Art; verbringen Sie mit Ihrer Freundin mindestens so viel Zeit wie mit Ihren Kumpels! Rauchen Sie weniger!
Religiöses Gutachten: Bonuspunkte erhalten Sie für Ehrlichkeit und für engagierten Einsatz beim Zivildienst. Sie sollten öfter mal mit Gott sprechen, der hätte ein paar Tipps bezüglich Ihrer Berufswahl!

Felix Maier schaut irritiert und verlässt den Scanner. Eine weitere Testperson betritt den Scanner. Der Beamte liest wieder monoton von seinem Bildschirm vor.

Klara Müller, 15 Jahre, leidenschaftliche Jazztänzerin, Mathegenie, Chemiehasserin.

Bilanz: Du hast durch die Tanzauftritte in den letzten anderthalb Jahren Selbstbewusstsein gewonnen. Du hast da auch einen guten Einfluss auf deine schüchterne Freundin, die sich von dir mitziehen lässt.

Empfehlung: Du solltest dich über deine Chemienoten nicht aufregen. Nimm dir öfter mal Zeit, um mit deinem kleinen Bruder zu spielen; er freut sich darüber.

Religiöse Bilanz: Religion interessiert dich zurzeit nicht. Die Zeit dafür wird später wieder kommen. Achte darauf, dass du ein hilfsbereiter Mensch bleibst!

Klara Müller verlässt den Scanner. Ein weiterer Jugendlicher lässt sich scannen.

Nils Bauer, 16 Jahre, Hobby Computerspiele, Raucher, wenig Freunde.

Bilanz: In den letzten Jahren hast du dich sehr zurückgezogen. Mit deinen Eltern kommst du gerade nicht gut aus. Du gehst nicht gern zur Schule, weil du Angst hast, nicht gut genug zu sein. Du leidest darunter, dass du nicht so cool aussiehst, wie du es gern würdest.

Empfehlung: Suche Kontakt zu Mitschülern, die du einigermaßen nett findest. Verabrede dich mit ihnen. Fang damit an, Sport zu machen.

Religiöse Bilanz: Im Stillen betest du immer wieder mal zu Gott. Das ist keine Schwäche, sondern etwas, was dir Stärke gibt. Mach dir ab und zu klar, dass Gott dich liebt, wie du bist.

Der Beamte geht. Die drei Jugendlichen unterhalten sich.

Nils: Sagt mal, wie findet ihr so einen Scanner?

Klara: Ich weiß auch nicht. Ich habe mich zwischendrin gefragt, ob ich überhaupt wissen will, wie der Scanner mich einschätzt.

Nils: Und, hat er recht? Fühlst du dich richtig wiedergegeben?

Klara: Kann ich gar nicht sagen. Der Beamte war so kühl und distanziert. Vielleicht stimmt ja alles, was der Scanner sagt. Aber es ist halt eine Maschine. Die schätzt dich eiskalt ein. Ich bekomme lieber Rückmeldungen von Menschen, die mich mögen, die ich gern habe. Da weiß ich, dass die Ratschläge gut gemeint sind.

Felix: Finde ich nicht. Ich bin der Meinung, dass so eine objektive Einschätzung am meisten bringt. Deine Freunde sagen doch sowieso nur, was du hören willst.

Klara: Stimmt gar nicht.

Nils: Halt, hört auf zu streiten! Ich glaube, dass eine Einschätzung gar nie objektiv sein kann. Da stecken doch immer Werte dahinter. Der Scanner wurde auch nur von Menschen programmiert, die irgendwelche Maßstäbe haben.

Felix: Aber trotzdem kann es einem helfen, wenn man mal einen Blick von außen wahrnimmt. Man muss sich ja nicht gleich alles zu Herzen nehmen, was die Maschine da sagt.

Klara: Schaut mal, da gibt es eine Menge Knöpfe an dem Scanner. Ob wir da noch andere Informationen herausholen?

Felix: Da gibt es einen Knopf: Einschätzung Gottes. Meint ihr, den sollen wir mal ausprobieren?

Felix dreht an einem Knopf des Scanners.

Nils: Oh je, was da wohl rauskommt, wenn Gott, der alles sieht, der alles weiß, sein Urteil abgibt? Der hat den Streit mit meinen Eltern gestern mitbekommen, der weiß, dass ich viel zu selten mit ihm rede, was soll der schon Gutes über mich sagen?

Klara: Aber ich möchte schon wissen, was Gott sagt. Ich probier's aus. Ist mir ja eigentlich auch ganz egal, was Gott über mich denkt.

Klara stellt sich in den Scanner. Aus dem Off ertönt eine Stimme.

Scanner: <u>Klara Müller</u>, 15 Jahre, leidenschaftliche Jazztänzerin, Mathegenie, Chemiehasserin.
<u>Einschätzung Gottes:</u> Du bist mein geliebtes Kind, an dir habe ich Gefallen gefunden!

Cäcilia Branz / Junge-Kirche-Team Reutlingen

52. Müllentsorgung

Art des Rollenspiels:	Altersstufe:
Spielszene mit verteilten Rollen	Jüngere Kinder

Mitspielende Personen: 4	Requisiten:
Tom	Papiertüte
Frank	
Anna	
Isabell	

Mögliche Themen:	
Umweltverschmutzung	
Werte	
Schöpfung	

Tom: Sag mal, was machst du denn da?

Frank: Ich? Was soll ich schon machen?

Tom: Du hast doch gerade deine Papiertüte weggeworfen, einfach so auf den Boden.

Frank: Ja und? Ich brauch' sie nicht mehr.

Anna: Man darf nicht einfach Müll auf den Boden werfen!

Frank: Und warum nicht?

Isabell: Weil dann alles ganz verschmutzt ist.

Frank: Ist mir doch egal. Außerdem gibt es Müllmänner, die räumen das schon weg.

Tom: Das ist gar nicht deren Aufgabe. Wenn jeder das so machen würde wie du, dann würde es bei uns schrecklich aussehen.

Frank: Mich stört's nicht.

Anna: Aber uns. Heb' jetzt die Tüte auf!

Frank: Wo soll ich sie denn hintun? Hier ist doch kein Papierkorb weit und breit.

Isabell: Dann steck' sie ein und nimm sie mit nach Hause. Stell dich doch nicht so an!

Frank: Mann, seid ihr pingelig!

Frank steckt die Papiertüte ein und geht wütend weg.

Claudia Schmidt

53. Das Pessachfest

Art des Rollenspiels:	Altersstufe:
Spielszene mit verteilten Rollen	Ältere Kinder
Mitspielende Personen: 2	**Requisiten:**
Pauline	Gebetsschal
Joachim	Kipa
Mögliche Themen:	**Passende Bibelstellen:**
Judentum	Ex 12,1–11: Das Paschamahl
Gründonnerstag	Lk 22,14–23: Das letzte Abendmahl
Ostern	
Fest	
Befreiung	

Pauline: Hallo, Joachim! Gehst du mit zum Spielen?

Joachim: Leider nein, heute kann ich nicht. Wir feiern zuhause ein großes Fest.

Pauline: Bist du deshalb so eigenartig angezogen? Was trägst du denn da für eine Mütze? So eine Mütze habe ich noch nie gesehen.

Joachim: Das ist eine Kipa.

Pauline: Eine Kipa, was ist denn das?

Joachim: Eine Kipa ist eine Kopfbedeckung, man könnte dazu Käppchen sagen. Die trage ich immer beim Beten.

Pauline: Und warum trägst du heute, wo es so warm ist, einen Schal? Bist du krank?

Joachim: Nein, völlig daneben geraten! Das ist mein Gebetsschal, er heißt Tallit.

Pauline: Das habe ich noch nie gehört! Was hat denn ein Schal mit dem Beten zu tun?

Joachim: Wenn ich bete, hülle ich mich ganz in den Schal ein. Ich will mich nicht ablenken lassen, und der Tallit hilft mir dabei.

Pauline:	Ziehen das bei eurem Fest alle Leute an? Wenn wir ein Fest feiern, ziehe ich mein schönstes Kleid an.
Joachim:	Ich doch auch, schau mich doch an! Aber dazu kommen dann noch Kipa und Tallit. Alle machen das.
Pauline:	Wer ist denn alle? Darf da jeder kommen oder werden besondere Gäste eingeladen?
Joachim:	Meine ganze Familie kommt und noch viele Leute aus der jüdischen Gemeinde.
Pauline:	Du bist Jude? Dann hast du eine andere Religion als ich, einen anderen Glauben? Ich bin Christin.
Joachim:	Ja, ich bin Jude und vieles ist bei uns anders als bei den Christen, aber wir glauben an denselben Gott. An den Gott Abrahams, Isaaks und Jakobs.
Pauline:	Und heute Abend betet ihr zu unserem gemeinsamen Gott?
Joachim:	Ja, aber es ist noch mehr. Wir erzählen uns die wichtigste Geschichte für unseren Glauben. Wir erzählen, was unsere Urururururur...-omas und -opas vor über 3000 Jahren erlebt haben.
Pauline:	Vor so langer Zeit? Das könnt ihr doch nicht mehr wissen!
Joachim:	Doch! In der Bibel ist aufgeschrieben, was die Menschen sich früher weitererzählt haben. Unsere Vorfahren haben in der Fremde, in Ägypten gelebt. Sie mussten dort wie Sklaven arbeiten und wurden unterdrückt. Sie waren verzweifelt und hatten wenig zu essen.
Pauline:	Und warum war das so?
Joachim:	Der Pharao, der Herrscher von Ägypten, hat sie gezwungen. Sie wollten so gerne nach Hause zurück, in das Land Israel.
Pauline:	Und dann? Erzähl weiter!
Joachim:	Sie riefen Gott um Hilfe, der schickte ihnen Mose. Mit dabei waren auch sein Bruder Aaron und seine Schwester

Mirjam. Mit Gottes Hilfe konnten sie fliehen. Vor der Flucht mussten sie sich stärken. Alles war sehr eilig. Deshalb konnten sie ihr Brot nicht mehr säuern, es war ohne Salz.

Pauline: Das schmeckt bestimmt seltsam!

Joachim: Nicht so seltsam wie andere Speisen, die mit dem Auszug aus Ägypten zu tun haben. Aber die müsstest du mal selber probieren und anschauen. Wichtig ist, dass alles zu unserem Fest gehört: dem Pessachfest. Wir feiern es jedes Jahr, weil wir daran denken, dass Gott uns befreit, auch heute noch.

Pauline: Ich glaube, ich habe von diesem Fest schon gehört. Und das wird heute gefeiert?

Joachim: Ja, ich freue mich schon sehr darauf.

Pauline: Meinst du, ich darf heute zu dir kommen und mitfeiern?

Joachim: Ich gehe und frage meine Eltern, ich glaube, sie haben nichts dagegen.

Beate Brielmaier, aus: Dies., Kinderbibeltage.
Neue Wege zu wichtigen Geschichten.
© Verlag Herder GmbH, Freiburg im Breisgau 2006.

54. Der Engel

Art des Rollenspiels:	Altersstufe:
Spielszene mit verteilten Rollen	Ältere Kinder
Mitspielende Personen: 2	**Requisiten:**
Junge	Weißes Gewand für den Engel
Engel (Mädchen)	
Mögliche Themen:	
Engel	
Gott	
Hilfe	

Der Junge kommt langsam träumend von der einen Seite, der Engel von der anderen Seite heran. Der Junge rempelt versehentlich gegen den Engel.

Junge:	Hoppla, wer bist denn du?
Engel:	Ich bin ein Engel.
Junge:	Ehrlich? Das glaub' ich nicht. Du hast doch gar keine langen Haare, und Flügel hast du auch nicht.
Engel:	Das brauch' ich auch nicht.
Junge:	Da haut's mich aus den Latschen, kommt einfach daher und behauptet, sie wäre ein Engel. Na ja, mal seh'n, was die sonst noch alles behauptet. Wo kommst du her?
Engel:	Gott hat mich geschickt. Manche Menschen hören mir eher zu als Gott – warum das so ist, weiß ich auch nicht.
Junge:	Und was sagst du den Menschen?
Engel:	Wenn sie große Angst haben, spreche ich ihnen Mut zu. Manchmal versuche ich auch, ihre Entscheidungen zu beeinflussen.
Junge:	Und die hören auf dich?
Engel:	Nicht immer. Aber manche lassen sich gern von mir leiten. Manchmal bin ich auch ein Schutzengel.
Junge:	Den hat mein kleiner Bruder auch. Der ist doch neulich ohne zu schauen über die Straße gerannt. Aber es ist zum

	Glück nichts passiert. Aber ehrlich gesagt, gesehen habe ich dich da nicht. Ich denke, vielleicht hat er auch einfach nur Glück gehabt.
Engel:	Ja, so ist das, manchmal bin ich unsichtbar. Aber die Menschen spüren mich. Manche haben das im Gefühl, dass ich da gewesen bin, dass da mehr im Spiel war als nur Zufall.
Junge:	Neulich war ich ganz übel drauf und wollte nur noch an allem rummeckern. Da hat mich dann Alex angerufen, einfach so, dann war meine Laune schon besser.
Engel:	Na, merkst du was?
Junge:	Du willst doch nicht sagen, dass du da auch deine Finger im Spiel hattest?
Engel:	Was meinst du?
Junge:	Vielleicht.
Engel:	Manchmal schlüpfe ich auch in Menschen, die du kennst, so sind meine Möglichkeiten größer. Neulich habe ich auf dem Schulhof eine Menge Ärger verhindert. Wollten doch einige aus der vierten Klasse einen Erstklässler verprügeln, einfach nur so zum Spaß. Dann ist zum Glück doch noch einem eingefallen, dass das ganz schön feige ist, so was zu tun, weil der Kleine gar keine Chance gegen die Großen hat.
Junge:	Da hast du aber einen großen Einfluss, mir würde so was nie gelingen.
Engel:	Hast du's schon probiert?
Junge:	Was probiert?
Engel:	Na manchmal einen guten Einfluss auf andere auszuüben. Oder einfach da zu sein und zuzuhören, wenn jemand nicht allein sein will. Oder zu spüren, was jemand jetzt braucht.
Junge:	Dann kann auch ich manchmal ein Engel für andere sein?
Engel:	Ja, klar.

Junge:	Da fällt mir ein: Letztens war meine Mutter so sauer auf alles. Die hat uns echt angepflaumt. Dann haben wir sie eine halbe Stunde in Ruhe gelassen, und sie war gleich wieder besser drauf.
Engel:	Da siehst du ... Genau das meine ich. – Nun, ich geh' dann mal weiter.
Junge:	Wo gehst du hin?
Engel:	*(schon im Gehen)* Hierhin, dorthin, da, wo ich nötig bin.
Junge:	Und kommst du auch wieder?
Engel:	Bestimmt!

Monika Siegel

55. Brot, das unseren Hunger stillt

Art des Rollenspiels:	Altersstufe:
Lesetext mit verteilten Rollen	Jüngere Kinder/ältere Kinder
Mitspielende Personen: 7 Sprecher/in 6 Kinder	**Requisiten:** keine
Mögliche Themen: Brot Hunger Erstkommunion	**Passende Bibelstellen:** Lk 9,10–17: Die Brotvermehrung Mk 14,22–24: Das letzte Abendmahl Lk 24,13–35: Die Emmaus-Jünger

Sprecher/in: Brot gehört zu unserem täglichen Leben dazu. Es ist für uns selbstverständlich, dass jeden Tag eine große Auswahl verschiedener Brotsorten auf unseren Tischen steht. Hören wir nun, was uns einige Kinder dazu zu sagen haben:

1. Kind: Von einem Brot kann man viele hungrige Menschen satt bekommen. In großer Runde oder in einer frohen Gemeinschaft schmeckt es am allerbesten. Wir sind dann fröhlich und zufrieden.

Lied: Brot, das die Hoffnung nährt ...

2. Kind: Wir Menschen brauchen mehr als nur Brot zum Essen. Wir brauchen auch Menschen, die sich um uns kümmern, die uns weiterhelfen, die unser Leben bereichern – die für uns Brot sind!

Lied: Brot, das die Hoffnung nährt ...

3. Kind: Brot ist ein Zeichen der Einheit. Viele Körner müssen für ein Brot zermahlen werden. Brot verbindet, schafft Gemeinschaft, miteinander und untereinander.

Lied: Brot, das die Hoffnung nährt ...

4. Kind: Brot lädt zum Teilen, zur Gemeinschaft ein. Wenn wir mit anderen teilen, helfen wir, Hunger, Not und Ungerechtigkeit in unserer Welt zu lindern.

Lied: Brot, das die Hoffnung nährt ...

5. Kind:	Brot macht satt und zufrieden. Brot erinnert uns an Jesus. Er sagt: »Ich bin das Brot des Lebens.« Jesus möchte für uns Brot sein: nährend und stärkend wie Brot, damit wir leben können.
Lied:	Brot, das die Hoffnung nährt ...
6. Kind:	Jesus ist Mensch geworden, um allen nahe zu sein, die Hunger und Durst haben, die müde und mutlos, einsam oder krank sind. Er ist für uns das Brot des Lebens.
Lied:	Brot, das die Hoffnung nährt ...

Petra Focke, aus: Dies., Jesus mitten unter uns.
Mit Kindern und Jugendlichen die Fasten- und Osterzeit gestalten.
© Verlag Herder GmbH, Freiburg im Breisgau 2006.

56. Kommt, sagt es allen weiter …

Art des Rollenspiels:	Altersstufe:
Spielszene mit verteilten Rollen	Jüngere Kinder/ältere Kinder
Mitspielende Personen: 4	**Requisiten:**
Kind	Tisch, 2 Stühle
Mutter	Handy
Lektor/in	Zeitschrift
Gottesdienstleiter/in	
Mögliche Themen:	**Passende Bibelstelle:**
Verkündigung der Botschaft Jesu	Joh 20,1.11–18: Begegnung des Auferstandenen
Maria Magdalena	mit Maria von Magdala
Jesus	
Weitergabe des Glaubens	
Hinweise:	
Am Ende des Rollenspiels folgt ein Gespräch mit den Anwesenden, d. h. den Gottesdienstteilnehmern. Je nach Situation, in der das Rollenspiel verwendet wird, kann dieser Teil auch weggelassen oder angepasst werden.	

Kind sitzt mit Mutter am Tisch. Auf dem Tisch liegt ein Handy. Mutter liest in einer Zeitschrift.

Kind: Du Mama, woher wissen wir eigentlich das alles von Jesus?

Mutter legt die Zeitschrift aus der Hand.

Mutter: Na, ja, das steht doch in der Bibel.

Kind: Und wie ist das in die Bibel reingekommen?

Mutter: Das haben Menschen vor langer Zeit aufgeschrieben.

Kind: Und woher wussten die, was sie aufschreiben sollten?

Mutter: Das haben ihnen andere erzählt.

Kind: Und woher wussten die das?

Mutter: Na ja, denen haben es wieder andere erzählt.

Kind:	Und denen haben es wieder andere erzählt … das gibt ja eine unendliche Kette.
Mutter:	Unendlich vielleicht nicht, aber ziemlich lange sicherlich. Denn einen Anfang gibt es ja.
Kind:	Stimmt, der Anfang ist Jesus, als er gelebt hat.
Mutter:	Und nach seinem Tod und seiner Auferstehung, da haben die Menschen das, was sie mit ihm erlebt haben, was er gesagt und getan hat, was er ihnen bedeutet hat, anderen weitererzählt, und die haben es wieder weitererzählt und irgendwann wurde es dann aufgeschrieben, damit man es nicht vergisst. Eine der Ersten, die den Menschen von Jesus erzählt hat, war übrigens eine Frau: Maria von Magdala.

Lektor/in tritt an den Ambo und liest das Evangelium.

Lektor/in:	Aus dem heiligen Evangelium nach Johannes: *Es war der dritte Tag, nachdem Jesus gekreuzigt worden war. Ganz früh am Morgen, als es draußen noch dunkel war, ging Maria zum Grab von Jesus. Aber als sie dort ankam, entdeckte sie, dass der Stein, mit dem das Grab verschlossen gewesen war, weggerollt war. Da fing sie an zu weinen. Sie dachte, jemand hätte den Körper von Jesus gestohlen. Sie beugte sich in die Grabhöhle hinein und sah dort zwei Gestalten sitzen. Die beiden hatten ganz weiße Kleider an. Sie sahen aus wie Engel. »Maria, warum weinst du?« fragten sie. Maria antwortete: »Jemand hat meinen Herrn weggenommen.« Plötzlich spürte Maria, dass hinter ihr noch jemand war. Sie drehte sich um. Da stand Jesus. Vor lauter Tränen in den Augen erkannte sie ihn aber nicht. Jesus sagte zu ihr: »Maria!« Da erkannte sie ihn an seiner Stimme. Sie wollte ihn ganz fest in den Arm nehmen, weil sie so froh war, ihn zu sehen. Aber Jesus sagte zu ihr: »Maria, ich habe eine wichtige Aufgabe für dich: Geh zu meinen Freundinnen und Freunden und sage ihnen: Ich bin nicht tot, ich bin auferstanden, ich lebe bei meinem Vater.« Sofort machte Maria sich auf den Weg und verkündete den anderen die frohe Botschaft.*
Kind:	Mensch, was wäre wohl passiert, wenn Maria das nicht

weitererzählt hätte? Wenn sie einfach nach Hause gegangen wäre?

Mutter: Dann wüssten wir vielleicht gar nichts von Jesus. Nur weil Männer und Frauen wie Maria von Jesus erzählt haben, konnten andere Menschen ihn kennenlernen.

Kind: Du Mama, wer hat dir eigentlich als Erster von Jesus erzählt?

Mutter: Hm, ich glaube, das war meine Mama, deine Oma.

Kind: Und wer hat ihr von Jesus erzählt?

Mutter: Das weiß ich gar nicht, das müsstest du sie selbst fragen.

Kind: Das will ich wissen. Ich rufe sie gleich mal an.

Kind tippt ins Handy eine Nummer ein.

Hallo Oma, ich bin's, du, ich wollte dich mal was Wichtiges fragen …

Im Gottesdienst kann hier ein Dialog mit der Gemeinde folgen. Die Gottesdienstleitung befragt zunächst die Kinder:

Gottesdienstleiter/in: Und wer hat euch als Erstes von Jesus erzählt? Wisst ihr Kinder das?

Kurzes Gespräch mit den Kindern.

Und wie war das bei eurer Mama, eurem Papa, eurer Oma oder bei dem Erwachsenen, der mit euch heute im Gottesdienst ist? Geht mal zu ihm hin, und fragt ihn.

Die Kinder gehen zu den Erwachsenen und befragen sie. Anschließend kommen sie ans Mikro und nennen die Personen.

So viele Menschen haben einander die Botschaft von Jesus weitererzählt. Das ist prima! Das ist auch ganz wichtig: Nur so können Menschen auch in Zukunft von Jesus erfahren, wenn wir ihnen davon erzählen!

Nun wird gemeinsam das Lied »Kommt, sagt es allen weiter« gesungen.

Barbara Strifler

57. Fairer Lohn?

Art des Rollenspiels:	Altersstufe:
Interview/Talkshow	Jugendliche / junge Erwachsene

Mitspielende Personen: 4	Requisiten:
Moderator/in	Drei Sitzplätze (Talkshowbestuhlung)
Richi	
Anna	
Helmut	

Mögliche Themen:	Passende Bibelstelle:
Gerechtigkeit	Mt 20,1–16: Das Gleichnis von den Arbeitern im
Arbeit	Weinberg
Geld	

Moderator/in: Hallo und herzlich willkommen zusammen im Studio von Johannes Baptist zur heutigen Ausgabe von Cross-Talk. Unser Thema heute heißt: Mein Chef hat mich bei der Bezahlung betrogen – ist das denn fair?

Ihr hattet vor der Sendung schon Gelegenheit bei unserer Was-Ist-Fair-Abstimmung mitzumachen. Da gingen die Meinungen manchmal ziemlich auseinander.

Vor der Einlage unserer Cross-Night-Haus-Band haben wir von der Situation gehört, die sich vor einiger Zeit im Weinberg einer Stadt abgespielt hat, die wir hier aus datenschutzrechtlichen Gründen nicht nennen dürfen.

Was ist nun fair? Gleicher Lohn bei gleicher Arbeit oder gleicher Lohn für alle. Wir haben hier jemanden, der was dazu zu sagen hat. Begrüßt ihn mit eurem Applaus: hier ist Richi.

Hallo Richi, du fühlst dich unfair behandelt. Warum?

Richi: He, ich habe acht Stunden gearbeitet. Bin schon um 5 Uhr auf'n Marktplatz gekommen. Hab' dann gleich 'nen Job in einem Weinberg bekommen. Harte Knochenarbeit bei brütender Hitze. Und dann habe ich am Schluss gerade mal einen Denar dafür bekommen.

Moderator/in: Ein Denar, na das sind immerhin ungefähr 100 Euro. Ist

	doch eigentlich kein schlechter Lohn. Was regt dich daran auf?

Richi:	Nee, der Lohn wäre ja schon o. k. Aber der Chef hat später noch weitere Arbeiter geholt. Manche haben sogar nur 'ne Stunde gearbeitet. Und alle haben zum Schluss 100 Euro bekommen. Das ist doch 'ne Schweinerei. Ich fühle mich echt ausgebeutet. Da hätte ich mich nicht so abrackern müssen, wenn's für'n Stündchen Arbeit auch die gleiche Kohle gegeben hätte.

Moderator/in:	Du bist also nicht verärgert über die Höhe des Lohnes an sich, sondern darüber, dass du nur so viel bekommen hast, wie diejenigen, die nur eine Stunde gearbeitet haben. Was wäre deiner Meinung nach eine faire Bezahlung für dich gewesen?

Richi:	Na eben achtmal so viel wie die Letzten: 800 Euro. Der Typ mit dem Weinberg hat doch bestimmt ein Schweinegeld. Da hätte er auch fair bezahlen müssen.

Moderator/in:	800 Euro? Das wäre tatsächlich ein Schweinegeld. Dann wollen wir mal hören, wie jemand anderes diesen Fall beurteilt. Hier ist eine von denen, die nur eine Stunde für den gleichen Lohn gearbeitet haben. Hier ist Anna!

Richi regt sich auf, motzt rum, wendet sich ab.

Moderator/in:	Anna, fühlst du dich fair bezahlt?

Anna:	Ich fand die Bezahlung mehr als fair. Das war so viel, als hätte ich einen ganzen Tag gearbeitet, obwohl ich den Job erst gegen Spätnachmittag bekommen hatte.

Richi:	Was soll denn daran fair sein? Weißt du eigentlich, wie hart die Arbeit war den ganzen Tag? Ich habe achtmal so lange gearbeitet. Du hättest eigentlich gerade mal 12 Euro bekommen dürfen. Das wäre fair gewesen. Dein Verhalten war echt mies!

Anna:	He, was regst du dich auf? Ich habe das Geld doch nicht verteilt. Das war der Weinbauer. Kann ich ja nichts dafür, wenn er uns so bezahlt.

Richi:	Du hättest das Geld ablehnen müssen. Du wusstest genau, dass es dir nicht zusteht.
Moderator/in:	Starker Tobak, was Richi da sagt. Hast du dir überlegt, es nicht anzunehmen, oder war das kein Gedanke?
Anna:	Ich war tatsächlich verunsichert, weil ich nicht damit gerechnet hatte. Aber ich dachte mir, das wird schon so okay sein. Außerdem brauche ich das Geld.
Richi:	Hallo?! Ich brauche das Geld auch, aber ich arbeite hart dafür.
Anna:	*(regt sich auf)* Du weißt so gut wie ich, dass es eine Glücksache ist, wenn man schon gleich morgens einen Job bekommt. Ich war auch gleich morgens auf dem Marktplatz. Als Frau habe ich nun mal leider deutlich schlechtere Chancen. Ich hätte auch acht Stunden gearbeitet. Ich bin nicht freiwillig den ganzen Tag auf dem Marktplatz rumgestanden. Ich bin froh, dass mich der Weinbauer noch geholt hat und dass er mir den vollen Betrag ausgezahlt hat. Ich kann schon verstehen, wenn du dich aufregst, aber mit weniger hätte ich nichts anfangen können. Ich musste ja auch noch was essen und trinken. Für 'ne Curry-Wurst und ein Getränk sind ja gleich mal fünf Euro weg. Ich habe daheim drei Kinder. Wenn ich an diesem Tage mit leeren Händen heimgekommen wäre, was hätte ich denen geben sollen? Gut, ich habe Glück gehabt, aber wenn man das Geld zum Überleben braucht, dann nimmt man es auch.
Moderator/in:	Was hättest du gemacht, Richi?
Richi:	Ich hätte das Geld trotzdem nicht angenommen.

Anna schüttelt den Kopf, lacht.

| Moderator/in: | Anna meint also, sie sei fair behandelt worden. Richi bleibt dabei, dass es unfair war. Die Gewerkschaft würde sicherlich Richi Recht geben. Doch warum sie überhaupt so bezahlt wurden, das interessiert uns ja schon. Hier ist der Arbeitgeber, der Chef: hier ist Helmut, der Weinbauer. |

Helmut kommt.

Richi: Mann, das kann ja wohl nicht wahr sein, dass ich mit diesem Ausbeuter auch noch zusammen hier sitzen muss.

Helmut: Wieso Ausbeuter?

Richi: Weil du mich unterbezahlt hast?

Helmut: Na, nun mach' aber mal einen Punkt. Was haben wir denn morgens für einen Lohn vereinbart? Hm?

Richi: Es war nicht korrekt, weil ich am meisten von allen gearbeitet habe. Die anderen hätte weniger bekommen müssen.

Helmut: Und? Was hatten wir vereinbart?

Richi: 100 Euro.

Helmut: Hast du die Hundert von mir bekommen?

Richi: Ja, aber es war trotzdem nicht korrekt?

Helmut: Korrekt, nicht korrekt!? Ich habe bezahlt, was wir ausgemacht haben, und das war ein fairer Lohn. Außerdem kann ich ja wohl selbst entscheiden, was ich mit meinem Geld mache.

Moderator/in: Tja Helmut, Richi geht hier hart mit dir ins Gericht. Er sagt, er hätte im Vergleich zu Anna mehr bekommen müssen, oder Anna hätte weniger bekommen müssen. Die meisten hier im Studio sehen das auch so. Wie siehst du das?

Anna: Darf ich mich hier mal einmischen. Richi weiß ganz genau, dass das Quatsch ist mit dem ›weniger bekommen müssen‹. Wenn er nur fünf Euro am Abend bekommen hätte, dann hätte er zuhause auch ein echtes Problem gehabt.

Moderator/in: O. k. Anna sieht das aus ihrer Sicht verständlicherweise anders. Warum hast du allen das Gleiche gegeben?

Helmut: Rein rechnerisch hat Richi sicher recht. Aber als Arbeitgeber habe ich auch eine Verantwortung für meine Arbei-

	ter, überhaupt für alle Leute, die Arbeit suchen. Ich muss im Gegensatz zu Richi alles im Blick haben. Nicht nur mich und meinen Weinberg. Deshalb gehe ich ja täglich auf den Marktplatz, um Leuten Arbeit zu geben.
Richi:	Das ist ja auch gut. Aber die Bezahlung muss eben fair sein. Wer mehr arbeitet, muss mehr bekommen. Und an Kohle fehlt es den Unternehmern ja nicht.
Helmut:	Hör mal zu, wenn ich dir tatsächlich 800 Euro für die acht Stunden gegeben hätte, dann hätte ich am Tag darauf niemanden mehr einstellen können. Alles wäre für deinen Lohn draufgegangen, ich hätte nichts mehr gehabt. Wär das besser gewesen? Wenn ich bankrott bin, hat niemand was von meinem sogenannten Reichtum. Und 100 Euro täglich ist ein guter Lohn.
Moderator/in:	Aber warum hat Anna genauso viel bekommen? Sie hat doch wirklich nur 'ne Stunde gearbeitet und hatte den Rest des Tages frei.
Helmut:	Ich gehe jeden Tag öfter auf den Marktplatz. Wenn ich dann nachmittags noch Arbeiter dort stehen sehe, dann denke ich: »Mensch, die haben keinen Job bekommen. Wenn sie keinen bräuchten, wären sie sicher nicht mehr hier. Also brauchen sie das Geld. Und ich habe noch Arbeit und kann sie auch bezahlen.«
Anna:	Ganz genau. Ich hatte nicht einfach nur Freizeit. Ich habe gewartet, ob sich noch was tut. Wenigstens vielleicht was Kurzes.
Helmut:	Und als Unternehmer weiß ich auch sehr genau, dass ein Tagelöhner mit 10 Euro aufgeschmissen ist. Deshalb habe ich allen den gleichen Lohn gegeben. Hätte ich Anna mit 10 Euro zu ihrer Familie heimgeschickt, wäre ich mir schäbig vorgekommen. Mir hätte mein Abendessen nicht geschmeckt, wenn ich daran hätte denken müssen, dass die Kinder meiner Arbeiterin nun daheim nichts zu essen haben, obwohl Anna den ganzen Tag genau deshalb unterwegs war. Das mit der Fairness kann man nicht so pauschal betrachten.

Moderator/in:	Das klingt auch plausibel. Wenn nur alle Unternehmer immer so einen Weitblick hätten. Machen wir noch eine Schlussrunde. Jeder von euch hat zwei Schlusssätze frei. Fangen wir mit dir an, Anna.
Anna:	Ich verstehe Richi irgendwie. Ich hatte eben unheimliches Glück, aber dieses Glück war auch verdammt notwendig. Danke, Helmut.
Moderator/in:	Richi!
Richi:	Ich gebe zu, dass an den Argumenten was dran ist. Fair finde ich es trotzdem nicht. Der Helmut hätte zumindest mal überlegen müssen, dass ... *(labert weiter, Moderator/in unterbricht hier)*
Moderator/in:	Entschuldige Richi, nur zwei Sätze. Helmut kommt noch dran.
Helmut:	Fairness kann man nicht nur rein rechnerisch betrachten. Fairness heißt, alles im Blick zu haben, damit jeder das hat, was er zum Leben, zum Wohlfühlen braucht.
Moderator/in:	Dankeschön, und mit diesem Schlusswort schalten wir wieder um zur Cross-Night. Macht's gut.

Ulrich Müller-Elsasser

58. Schulwechsel: Vom Wagnis neu anzufangen

Art des Rollenspiels:	Altersstufe:
2 Spielszenen mit verteilten Rollen	Kinder der 4. Klasse
Mitspielende Personen: 4	**Requisiten:**
Claudia Maier	keine
Michaela Müller	
Frau Maier	
Frau Müller	
Mögliche Themen:	
Schule	
Loslassen	
Mut	
Neuanfang	

1. Szene: Zwei Kinder unterhalten sich

Claudia Maier: Hallo, Michaela, wie geht's dir denn?

Michaela Müller: Ja, hallo, Claudia. Ach ja, hm, das Schuljahr ist ja jetzt schon fast gelaufen. Nur noch drei Wochen hier in der Schule. Ab dem neuen Schuljahr muss ich ja dann mit dem Bus in die Schule fahren.

Claudia Maier: Freu' dich doch, dass jetzt was Neues anfängt.

Michaela Müller: Irgendwie bin ich ja auch gespannt, aber ich habe mich in meiner Schule hier einfach total wohlgefühlt. Die Lehrerinnen sind so nett, und ich habe viel hier gelernt. *(Pause)* Man kennt sich. Ich weiß, wo jeder aus meiner Klasse wohnt. Ich kann zu Fuß in die Schule gehen. Jetzt wird alles anders.

Claudia Maier: Jetzt wird alles anders, aber schau, du kannst doch nicht ein Leben lang in die Grundschule gehen, oder? Also, ich freue mich auf die fünfte Klasse.

2. Szene: Zwei Mütter unterhalten sich

Frau Maier (Claudias Mutter): Grüß Gott, Frau Müller.

Frau Müller (Michaelas Mutter): Guten Tag, Frau Maier, wie geht's, wie steht's?

Frau Maier: Ja, ganz in Ordnung. Es ist halt ziemlich viel, Familie und Beruf unter einen Hut zu bringen. Wie geht es Ihnen?

Frau Müller: Ja, die Michaela wird ja jetzt auch mit der Grundschule fertig. Ab dem neuen Schuljahr muss sie ja dann mit dem Bus fahren. Hier ist einfach alles so schön übersichtlich. Hoffentlich findet Michaela in der neuen Schule bald Anschluss.

Frau Maier: Das ist eine große Umstellung. Uns Müttern fällt es nicht immer so leicht, unsere Kinder loszulassen. Andererseits ist es doch ein großes Geschenk, dass sie sich gut entwickeln und eine eigene Meinung haben. Sie sollen doch einmal auf eigenen Füßen stehen, sie sollen sich doch einmal etwas zutrauen, nicht immer am Rockzipfel der Mama hängen.

Frau Müller: Frau Maier, Sie haben schon recht. Es ist schön, dass die Kinder selbstständig werden. Aber wie Sie sagen: Das Loslassen ist gar nicht leicht. Ade, machen Sie es gut.

Ulrike Arlt-Herberts

Tabellarisches Inhaltsverzeichnis

	Spielszene mit verteilten Rollen	Leseszene mit pantomimischem Spiel	Lesetext mit verteilten Rollen	Interview	Jüngere Kinder (Kl. 1–3)	Ältere Kinder (Kl. 4–6)	Jugendliche	Junge Erwachsene
Entlang des Kirchenjahres								
Advent								
1. Bereitet dem Herrn den Weg	×						×	
2. Damit Weihnachten kommen kann	×						×	
3. Zu viel Vorweihnachtszeit	×					×	×	
4. Johannes ruft in der Wüste	×				×			
5. Auf dem Weg zur Krippe			×		×			
Weihnachten								
6. Weihnachtsmann & Co.	×					×		
7. Der Stalltermin	×						×	×
8. Die drei Könige	×				×			
Lichtmess								
9. Simeon und Hanna	×					×		
Fasching								
10. Der aufgeräumte Fasching	×					×		
Karwoche								
11. Der Friedenskönig in unserer Mitte			×		×			
12. Als Jesus nach Jerusalem kam …			×		×	×		
13. Passionsspiel 1			×			×	×	
14. Passionsspiel 2			×				×	×
Ostern								
15. Die Emmaus-Jünger	×				×			
16. Der ungläubige Thomas			×			×	×	

	Spielszene mit verteilten Rollen	Leseszene mit pantomimischem Spiel	Lesetext mit verteilten Rollen	Interview	Jüngere Kinder (Kl. 1–3)	Ältere Kinder (Kl. 4–6)	Jugendliche	Junge Erwachsene
17. Der Auferstandene am See Genesaret	×				×			
18. Ostern	×						×	
Pfingsten								
19. Angesteckt von Gottes Heiligem Geist	×					×	×	
20. Was es mit dem Heiligen Geist so auf sich hat	×						×	×
St. Martin								
21. Der heilige Martin	×				×	×		
22. Die Mantelteilung	×				×	×		
Bibelgeschichten								
23. Abrahams Aufbruch I	×					×		
24. Abrahams Aufbruch II	×					×	×	
25. Moses und Miriams Lied	×						×	×
26. Maria im Haus des Zacharias	×					×		
27. Die Hochzeit zu Kana	×				×	×		
28. Die Berufung der ersten Jünger	×				×			
29. Menschenfischer	×					×		
30. Jesus im Haus des Zöllners Zachäus	×					×		
31. Petrus geht über den See		×			×			
32. Das Gleichnis vom Festmahl	×				×	×		
33. Der Geldschein und die Münze	×					×	×	
34. Mein Schatz	×						×	
35. Das Gleichnis vom barmherzigen Vater	×						×	
36. Die Kindersegnung	×				×			

	Spielszene mit verteilten Rollen	Leseszene mit pantomimischem Spiel	Lesetext mit verteilten Rollen	Interview	Jüngere Kinder (Kl. 1–3)	Ältere Kinder (Kl. 4–6)	Jugendliche	Junge Erwachsene
37. Die Aussätzigen				×			×	
38. Die Heilung des Mannes mit der verdorrten Hand	×				×			
39. Die Heilung des blinden Bartimäus	×				×			
40. Die Heilung einer Frau am Sabbat	×				×	×		
41. Die Heilung des Taubstummen		×			×			
42. Die Salbung von Betanien	×				×			
43. Die Vertreibung der Händler aus dem Tempel	×					×		
44. Selig			×			×		
Themen								
45. Gott macht keinen Urlaub					×	×	×	
46. Freundschaft					×	×	×	
47. Aneinander vorbeireden	×						×	×
48. Im Boot	×					×		
49. Zuspruch	×					×		
50. Spurensuche	×					×	×	
51. Der Menschen-Scanner	×						×	×
52. Müllentsorgung	×					×		
53. Das Pessachfest	×					×		
54. Der Engel	×					×		
55. Brot, das unseren Hunger stillt			×		×	×		
56. Kommt, sagt es allen weiter …	×				×	×		
57. Fairer Lohn?				×			×	×
58. Schulwechsel: Vom Wagnis neu anzufangen	×					×		

Schlagwort-Register

Die angegebenen Zahlen beziehen sich auf die Kapitelnummern.

Bibelstellen-Register

Die angegebenen Zahlen beziehen sich auf die Kapitelnummern.

Die Bibeltexte sind entnommen aus:
Einheitsübersetzung der Heiligen Schrift
© 1980 Katholische Bibelanstalt, Stuttgart.

Autorenverzeichnis

Ulrike Arlt-Herberts ist Pastoralreferentin und arbeitet derzeit im Schuldienst in Backnang und Marbach.

Cäcilia Branz ist Pastoralreferentin und arbeitet derzeit als Referentin für Öffentlichkeitsarbeit des Diözesan- und Priesterrats Rottenburg-Stuttgart und als Hochschulseelsorgerin in Reutlingen.

Gabriele Goy ist Pastoralreferentin und arbeitet derzeit in der Seelsorgeeinheit Stuttgart- Degerloch und Stuttgart-Hohenheim.

Tobias Haas ist Gemeindereferent und arbeitet derzeit als Seelsorger für Familien mit behinderten Kindern des Dekanates Esslingen.

Lutz Heidebrecht ist Pastor der Menoniten und arbeitet derzeit in Backnang.

Susanne Hepp-Kottmann ist Pastoralreferentin und arbeitet derzeit in der Seelsorgeeinheit Guter Hirte – Kolumban in Wendlingen.

Ulrich Müller-Elsasser ist Gemeindereferent und arbeitet derzeit in der Seelsorgeeinheit Schwäbisch-Hall Ost.

Harald Prießnitz ist Pastoralreferent und arbeitet derzeit in der Seelsorgeeinheit Bietigheim-Bissingen.

Claudia Schmidt ist Pastoralreferentin und arbeitet derzeit in der Seelsorgeeinheit Wernau.

Monika Siegel ist Gemeindereferentin und arbeitet derzeit in der Seelsorgeeinheit Neckar-Fils.

Barbara Strifler ist Pastoralreferentin und arbeitet derzeit als Dekanatsreferentin in Stuttgart.

Fabian Vogt ist als Pfarrer und Schriftsteller tätig in Oberursel.

Regina Zacher ist Gemeindereferentin und arbeitet derzeit als Religionslehrerin an einer Grund- und Hauptschule in Stuttgart-Degerloch.